Sepp Maier

HANS SCHIEFELE
GERD RAITHEL · PETER KÜHN

SEPP MAIER

COPRESS-VERLAG

Schutzumschlag: Franz Hornauer, Foto: Fred Joch
Graphische Gestaltung: Peter Steinle
Fotos von: FMS, Fred Joch, M. Mühlberger, Sven Simon, Werek

8000 München 40, Schellingstraße 39–41

Gesamtherstellung: Münchner Buchgewerbehaus GmbH
ISBN-Nr.: 3-7679-0088-2

Sepp Maier

„Mit weichem Ei, bittschön!"

Irgendein Gag, den er aufrichtigerweise meist mit „Schmarrn" oder „Blödsinn" bezeichnet, fällt ihm bei jeder passenden und unpassenden Gelegenheit ein. Neuerdings schreibt der Sepp seinen Namenszug nicht mehr ganz aus, wenn ihn die Autogrammjäger bestürmen wie die Mönchengladbacher sein Tor. Nach einem kunstvoll verschnörkelten M setzt er ab und malt zwei Eier hinzu. Damit notfalls auch der des Lesens unkundige Dorfälteste vom Stamme der Watussi ohne Schwierigkeiten den Maier entziffern kann; falls es sich im afrikanischen Busch noch nicht herumgetrommelt haben sollte, daß der Sepp Maier vom FC Bayern München der beste Fußballtorwart der Welt ist.

Auf Europas „Schlachtfeldern", von Reykjavik bis Nikosia und Lissabon bis Jerewan, kennt ihn ohnehin schon fast jeder. Der Fachmann freilich begnügt sich nicht mit einem lapidaren Stichwort, er differenziert: Rekord-Nationaltorwart, Fußballer des Jahres 1975, Tennisfan, Bajuware, Stimmungskanone und Alleinunterhalter, Hobby-Zauberer. Es lassen sich noch viele Attribute anfügen, eingedenk fetter Schlagzeilen, die vom „Super-Sepp" oder „Hexer im Bayern-Tor" kündeten. Eigenartig – es fallen einem nur positive Merkmale ein. Dabei hat Maier, nach dem Altbundestrainer Herberger gewiß der bekannteste „Sepp" des deutschen Fußballs, durchaus menschliche und fachliche Schwächen. Aber diese machen ihn nur noch sympathischer.

Woher rührt die ungemeine Popularität, die man dem hageren Torwart in München wie in Hamburg oder Frankfurt in gleichem Maße entgegenbringt? Rein äußerlich geht von ihm doch ganz und gar keine Faszination aus. Denn der Sepp ist weder Adonis noch Herzensbrecher, weder Playboy noch Salonlöwe. Franz Beckenbauers Poster ziert ungezählte Mädchenzimmer, auch an Berti Vogts knüpfen sich viele Herzenswünsche, den Sepp Maier hängt man sich nicht unbedingt an die Wand. Dabei bekommt er ebenso wie die anderen Fußballstars waschkorbweise Verehrerpost. Hunderte Briefe und Karten, meist Autogrammwünsche beinhaltend, aber auch Bettelbriefe um Unterstützung sind darunter, führt der Schlußmann des FC Bayern bei Auswärtsspielen im Reisegepäck mit. Er beantwortet alle Schreiben selbst, und wenn die Kameraden beispielsweise im „Krummenweg", dem Hauptquartier der Bayern, wenn ein Spiel im Westen ansteht, zur Spielkarte greifen, dann sitzt der Sepp im Zimmer und macht die Post versandfertig.

Also, was ist's, das den Sepp so beliebt gemacht hat? Nicht zuletzt wohl seine Naturburschenhaftigkeit. Für viele ist er der Inbegriff eines Bajuwaren. Der Taufschein, datiert auf den 28. Februar 1944, weist ihn auch als waschechten Bayern aus. Nicht etwa in München, sondern in Metten bei Deggendorf kam der Sepp als Sohn eines Angestellten zur Welt. Seine niederbayerische Wesensart bricht immer wieder durch. Auch auf dem Spielfeld, wo der Sepp hie und da nicht mit Kraftausdrücken spart. Wunder ist es keines, wenn dem gutmütigen Maier manchmal der Gaul durchgeht. Denn es gibt genug Fußballfans, die belästigen und beleidigen. So stand der Sepp nach einem Gastspiel in Hannover schon einmal vor dem Amtsrichter, weil er nach einem hektischen Kampf auf dem Rasen einen Zuschauer „aus Versehen mit einer

Handbewegung im Gesicht getroffen hat". Mit entwaffnender Unschuldsmiene beteuerte der Angeklagte, daß es ihm leid tue und er sich bei dem Sportfreund mit Autogramm und Geschenkkorb entschuldigen werde. Das Verfahren wurde eingestellt, auch der Amtsrichter bekam ein Autogramm.

„Manchmal hab' ich Tage, da kann ich saugrantig sein!"

Einen ganzen Tag dauert es freilich selten, bis der Sepp seinen Ärger abreagiert hat. Er vergißt und verzeiht schnell, nachtragend ist er nicht. Bauernschläue verbirgt sich hinter einer markanten Stirn. Nase und Kinn sind ausgeprägt, was vielleicht daher kommt, daß sich ein Niederbayer zehnmal daran mit den Fingern reibt, ehe er auf eine heikle Frage antwortet. Hager und knochig von Gestalt, könnte der Sepp der leibhaftige Sohn des seligen Karl Valentin sein. Verschmitztheit ist ihm ins Gesicht geschrieben, das Komödiantentum liegt ihm im Blut, der Schalk sitzt ihm im Nacken.

Valentins hintergründigen Humor kopierend, würde er in jedem Volksstück eine Symbolfigur abgeben. Oft genug vertauscht er Torwartpullover mit einem närrischen Kostüm. Der Fasching, anderswo Karneval genannt, ist Sepp Maiers „Hochzeit". Bauerntheater oder Zirkus, eine Rolle würde er auf jeden Fall finden.

Doch einmal ausgewiesen als „Spaßmacher vom Dienst", wird er diese Rolle mit Sicherheit nicht mehr los. Im Freundeskreis seiner „Bayern" wie seiner Nationalmannschaftskollegen möchte aber auch niemand auf Maiers Späße verzichten. Die Stimmung kann auf dem Tiefpunkt angelangt sein, der Sepp sorgt wieder für Heiterkeit. Da kriecht er halt einfach unter die Bankettafel und lockert den Prominenten die Schnürsenkel, ohne daß es einer merkt. Und wenn gar nichts mehr hilft, greift er zur Schnupftabaksdose und reicht einen „Schmalzler", der trübe Gedanken verscheucht.

„Schnupfa S' amoi!"

Dieses Angebot macht der Sepp einem unliebsamen Kritiker ebenso wie dem Bundespräsidenten. „Da kenn' i nix!" Angst vor hohen Tieren hat er nicht.

Mit Tieren weiß der Sepp umzugehen. Und mit Kindern. Es ist schwer herauszufinden, wer mehr am andern hängt: der Sepp am Hund oder der Hund am Sepp. Nach einem Dackel, der das Zeitliche gesegnet hat, kam ein Boxer ins Haus. Sich ständig mit dem übermütigen Vierbeiner herumzubalgen, mußte der Sepp inzwischen einschränken. Denn die zierliche Alexandra will schließlich beim Vater nicht zu kurz kommen, wenn er wirklich einmal daheim ist. Am 13. September 1967 war es, als sich ein Wunsch Sepp Maiers erfüllte. Die 13 im Datum störte ihn überhaupt nicht, im Gegenteil, er sah darin einen besonderen Glückstag, endlich seine Jugendliebe Agnes Scheibmaier zum Traualtar zu führen. „Agi" nennt er liebevoll seine Lebensgefährtin, Tochter eines wohlhabenden Möbelherstellers.

Daß Frau Maier dem gleichen sportlichen Hobby nachgeht wie der Sepp, bezeichnet dieser als „Fest": auf dem Tennisplatz verbringen die Maiers am liebsten ihre Freizeit. Ehekrisen während ihrer achtjährigen Gemeinsamkeit? Bei diesem Thema rückt der Sepp nicht recht heraus. „Ja, mei . . .", sagt er nur und überlegt, bis er dann glaubwürdig versichert: „Geben tut's überall was, aber Krise, Gott sei Dank, nein! Die Krise haben wir höchstens beim FC Bayern einmal gehabt!"

In Sachen Fußball dauernd unterwegs, gejagt von einem Spiel zum andern und außer den Trainingsstunden mit geschäftlichen Dingen beschäftigt, schätzt der Sepp die Häuslichkeit am meisten. Zwar bekannt und berühmt geworden als Fußballer in der Großstadt, fühlt er sich dort am wohlsten, wo er aufgewachsen ist: auf dem Land. Von Metten zogen die Maiers nach Haar bei München, wo der

ICH BIN
STOLZ
AUF MICH

Retter in der Not

Maier 1972 im Münchner Länderspiel gegen die Sowjetunion

Bei mir zu Haus

Sepp Maier
in seiner guten Stube

Geschlagen

Die Spinne

Sepp beim dortigen TSV die ersten Kickversuche als Stürmer unternahm. Heute wohnen die Maiers einige Kilometer weiter ostwärts – in 8011 Anzing, Birkenweg 6.

Die Gründung dieser malerischen Gemeinde mit rund 2500 Seelen geht auf das Jahr 811 zurück. Der untrügliche Duft aus Kuhställen weht dort draußen noch jedem um die Nase. Von der Chronik seiner Gemeinde, daß hier die Heerstraße Salzburg–Augsburg vorbeiführte, weiß der Sepp womöglich nur wenig.

Die Geselligkeit liebt er schon, doch zum Diskurs ins Wirtshaus geht er selten. Nur bei besonderen Gelegenheiten sieht man ihn beim „Kirchenwirt" oder im Gasthaus „Alte Post". Dann nämlich, wenn es gilt, den Sportler Maier zu feiern. Das ging an im Jahre 1965, als der FC Bayern in die Bundesliga aufstieg, setzte sich fort mit dem Gewinn von deutschen Meisterschaften und Europapokalen. Natürlich ließ Bürgermeister Alfred Dorsch die Fußballweltmeisterschaft 1974 nicht verstreichen, ohne die Gemeinde aufzurufen, Anzings berühmtestem Sohn einen „großen Bahnhof" zu bereiten.

Groß und klein, jung und alt machte sich auf die Beine. „Sepp, du bist und bleibst unser Stolz!" verkündete Anzings fußballbegeistertes Oberhaupt, und aus tausend Kehlen erscholl ein donnerndes „Hoch soll er leben . . ." Die ländliche Atmosphäre, Geruhsamkeit, Wälder, Fluren und Felder – sie braucht er zur Erholung vom Alltag. Mit einem flotten Wagen, Kennzeichen EBE – SM 1 (Seine Majestät Sepp Maier) entflieht der Gehetzte dem Getriebe der Großstadt.

Natürlich kokettiert auch ein Mann wie Sepp Maier mit der Eitelkeit. Umgeben von geschäftstüchtigen Leuten, von Leuten nicht seinesgleichen, weiß er sich recht gut zu verkaufen. Unverblümt sagt er das, was sein Gesprächspartner zu hören hofft. In der Wahl der Themen ist der Sepp allerdings vorsichtig. Aber niemand kommt ohnehin auf die Idee, mit ihm über „Tristan und Isolde“ zu diskutieren, eher über „das Tor von Mailand“.

Opernaufführungen: „Nur wenn's sein muß“, zumal er von seiner Agnes nicht dazu angehalten wird, seine Bildung auf kulturellem Gebiet zu vervollkommnen. Der Sepp ist kein „G'studierter“, hat als Maschinenschlosser eine harte Lehre durchgemacht. Er ist der einfache, unkomplizierte Mensch geblieben, überhaupt nicht angekränkelt von Ruhm und Geltungssucht. In seinem Kleiderschrank hängen trotzdem maßgeschneiderte Anzüge. Um Schritt zu halten mit seiner „besseren Hälfte“, die Wert auf modische Kleidung legt, wiewohl der Sepp lieber leger daherkommt und sofort den Hemdkragen öffnet und den Krawattenknoten löst, wenn es die Etikette nicht mehr erfordert.

Man sagt, Linksaußen und Torhüter hätten einen besonderen Tick. Doch diese in Fußballkreisen verbreitete Witzelei trifft selten den Nagel auf den Kopf. Das ist halt so eine Redensart. Durch bloßen Zufall wurde der Sepp zum Torwart. In ganz jungen Jahren hat er lieber Tore geschossen als sie verhindert. Möglich, daß er mit der Nummer 2 bis 11 nicht die gleiche Karriere gemacht hätte wie mit der Nummer 1. Sie auch bei der Notenverleihung zu beanspruchen, nimmt sich Sepp Maier vor jedem Spiel vor. Dabei ist es völlig egal, ob es sich um das WM-Endspiel oder ein simples Privatspielchen handelt. Denn in der Brust des Sepp lodert es vor Ehrgeiz.

Die Konkurrenz im Nacken, hat er sich noch allemal besonders gesteigert. Keiner kann sich so quälen wie er. Da ist kein Dreck zu tief und kein Boden zu hart, Maier schmeißt sich überall hinein. Zimperlichkeit ist für ihn ein Fremdwort. Und weil einer seiner Sprüche lautet, daß „ein Indianer keinen Schmerz kennt“, hat er einmal Bundestrainer Helmut Schön verschwiegen, daß er in einen Autounfall verwickelt war, den er nicht selbst verursacht hatte.

„Nicht schlimm", so beruhigte er den Bundestrainer, „nur eine Eisenstange ist mir auf den Kopf gefallen." Anderntags zog er einen Glassplitter aus dem Kopf.

Auf die fachlichen Qualitäten des Bayern-Torwarts wird an anderer Stelle des Buches eingegangen. Mit dem Gedanken, den Verein zu wechseln, hat der Sepp mehrmals gespielt. Aber in die Tat hätte er dieses Vorhaben nie und nimmer umgesetzt. Er gehört zum FC Bayern und zu München wie das Rathaus zum Marienplatz.

Präsident Wilhelm Neudecker versichert, noch keinerlei Probleme mit seinem Nationaltorwart gehabt zu haben. Mag sein, daß der Sepp in früheren Jahren gegenüber anderen Stars in der Mannschaft etwas im Hintertreffen lag. Die Partner kennen inzwischen den Stellenwert. Hatten die „Bayern" schon immer gute Torhüter, doch nur einen, der eine Berufung in die deutsche Nationalmannschaft erhielt (Hofmeister im Jahre 1912!), so leitete Sepp Maier eine ganze Ära ein.

„Ich bin wie Whisky", sagt der Sepp von sich, „je älter, desto besser." Als treffendes Beispiel führt er seinen sowjetischen Torwartkollegen Lew Jaschin an, der erst mit 37 Jahren die Stiefel an den Nagel hängte. Jaschin ist Maiers großes Vorbild gewesen; der war wie er gelernter Schlosser.

Auch von Petar Radenkovic, genannt „Radi", hat er einiges abgeschaut. Nur so weit wie einer seiner vielen Vorgänger im Tor des FC Bayern möchte es der Sepp nicht kommen lassen. Das traurige Los des Ungarn Arpad Fazekas, Toilettenpapier an Wohnungstüren feilbieten zu müssen, was durchaus nicht unehrenhaft, doch für einen einst gefeierten Torwarthelden peinlich ist, wird dem Maier gewiß erspart bleiben.

Für die Zukunft hat der Sepp vorgesorgt. Als Großverdiener unter den Fußballern könnte er sich zwar einen Manager halten. Aber der Sepp teilt nicht gern mit anderen, wenn's ums Geld geht. Er weiß schon, was er für Autogrammstunden verlangen muß, daß „Sepp Maiers Spezialtorwart-Handschuhe" ein begehrter Artikel sind. Die Zukunftssicherung jedoch sieht er im „Tennispark Sepp Maier", der in Anzing eröffnet wurde. Der Verein hat ihm dabei unter die Arme gegriffen und finanzielle Hilfe geleistet. Doch ehe sich der Sepp berufsmäßig als Tennis- und Sportlehrer verdingt, was er beabsichtigt, wird wohl noch viel Wasser die Isar hinabfließen. Vorläufig denkt er nicht im Traum daran, seinen Posten zwischen den Pfosten aufzugeben. Vorläufig läßt er sich weiterhin bejubeln, beneiden und bekritteln.

Der Fußball ist sein Leben, ohne ihn wäre er zwar auch ein liebenswerter Mensch, der sein Herz am rechten Fleck hat, aber er wäre eben nicht der weltberühmte Sepp Maier.

Mit weichem Ei, bittschön . . .

Aufstieg mit dem FC Bayern

7. Juli 1974, Olympiastadion München: Schiedsrichter John Keith Taylor aus England hat soeben das WM-Endspiel abgepfiffen. Die Mannschaft der Bundesrepublik hat in einem dramatischen Finale gegen Holland 2:1 gewonnen, Deutschand ist zum zweitenmal Fußball-Weltmeister! Man meint, im Beifallssturm der 80 000 müsse das Zeltdach zerbersten.

Die deutschen Spieler laufen aufeinander zu, fallen sich um den Hals. Einer von ihnen – wer es miterlebte, vergißt die Szene nicht – wirft sich in spontanem Jubel mitten auf den Rasen, streckt, auf dem Rücken liegend, alle viere von sich, hebt schließlich zum Zeichen einer unermeßlichen Freude die Arme: der Torhüter der siegreichen Elf, Sepp Maier. Sein Mannschaftskamerad Georg Schwarzenbeck stürzt sich mit einem übermütigen Satz auf ihn, umarmt den Mann mit der Nummer 1 auf dem Rücken des hellblauen Pullovers. Dann rafft sich der Torwart auf, rennt hinüber zur Gegengeraden und schleudert seine schwarzroten Handschuhe, „Marke Maier“, ins Publikum.

Sepp Maier, mit ihm die anderen Spieler der deutschen Nationalelf und Bundestrainer Helmut Schön feiern den größten Tag ihrer Laufbahn. Sie sind Weltmeister, eine Steigerung ist nicht mehr möglich. Sepp Maier hat mit 30 Jahren alles erreicht, was es im Fußball zu erreichen gibt:

Er war mit dem FC Bayern München viermal deutscher Meister und viermal deutscher Pokalsieger geworden.

Mit seiner Vereinsmannschaft hatte er bis zu diesem

Zeitpunkt je einmal den Europacup der Pokalsieger und den der Meister nach München geholt.

Vor dem Triumph bei der WM 1974 war er mit der Nationalmannschaft 1970 bei der Weltmeisterschaft in Mexiko Dritter geworden.

1972 durfte er sich nach begeisternden Spielen in Belgien Europameister nennen.

Im Gegensatz zu Gerd Müller, Wolfgang Overath und Jürgen Grabowski, die nach der Weltmeisterschaft ihren Rücktritt aus der Nationalelf erklärten und danach nur noch für ihre Vereine spielten, dachte Sepp Maier nicht daran, sich auf seinen Lorbeeren auszuruhen. Der absolute Höhepunkt seiner Laufbahn fiel mit dem Zenit seines Leistungsvermögens zusammen, und er hatte sich noch viel vorgenommen.

Maiers größter Wunsch war es, einmal Deutschlands „Fußballer des Jahres" zu werden. Er ging in Erfüllung – obwohl der FC Bayern in der Saison nach der Weltmeisterschaft schwächer war als je zuvor seit dem Aufstieg in die Bundesliga, obwohl der Sepp selbst mehr Gegentore hinnehmen mußte als in all den Jahren zuvor. Als die Bayern in die Krise gerieten, bewahrte Sepp Maier mit beständig starker Form die Mannschaft vor einem noch tieferen Sturz, vielleicht sogar vor dem Abstieg. Und seiner Superform im Pariser Prinzenpark-Stadion war es zu verdanken, daß der FC Bayern durch ein 2:0 gegen Leeds United zum zweitenmal hintereinander den Europapokal der Landesmeister gewann.

Die verdienten Ehrungen für solche Taten ließen nicht lange auf sich warten: Seine Bundesligakollegen kürten Sepp Maier 1975 zum „Mann des Jahres", Deutschlands Sportjournalisten wählten ihn zum „Fußballer des Jahres" – als zweiten Torhüter nach Hans Tilkowski, der 1965 die Wahl gewonnen hatte. Maier ging in beiden Umfragen mit klarem Vorsprung durchs Ziel.

Mit 64 Länderspielen (Stand: Oktober 1975) ist die „Katze von Anzing", wie man Sepp Maier nach seinem Wohnort nennt, deutscher Rekord-Nationaltorwart – mit weitem Abstand vor Hans Tilkowski, der 39mal das Tor der Nationalelf hütete.

Einmalig ist auch seine Serie von mehr als 300 Bundesligaspielen ohne Unterbrechung. Vom 21. August 1966 an, also mehr als neun Jahre lang, fehlte er in keinem einzigen Punktspiel. Es gibt auch nur einen einzigen Bundesliga-Akteur, der in der höchsten Spielklasse der Bundesrepublik öfter eingesetzt war als er – Wolfgang Overath.

Man hörte keinen Widerspruch, als Bayern-Trainer Dettmar Cramer nach einem Bundesligaspiel im August 1975 verkündete: „Sepp Maier ist der beste Torwart der Welt."

*

Daß der Sepperl Fußballer werden würde, daran gab es bereits keine Zweifel mehr, als er erst fünf, sechs Jahre alt war. Aber seinem fußballbegeisterten Vater hätte es damals, so um 1950 herum, den Atem verschlagen, hätte jemand prophezeit, daß sein Sohn einst als Weltmeister gefeiert würde. Es war ja schon ein zu verwegener Gedanke, sich diesen schmächtigen Buben einmal als Spieler in einem der großen Münchner Vereine vorzustellen.

Josef Dieter Maier wurde am 28. Februar 1944 – also im Sternbild der Fische – im niederbayerischen Metten bei Deggendorf geboren. Seiner schillernden Persönlichkeit entspräche es eigentlich, wenn er in jenem Schaltjahr erst einen Tag später das Licht der Welt erblickt hätte, folglich also nur alle vier Jahre Geburtstag feiern könnte. Doch auch ohne diesen gerade noch vermiedenen Gag machte der später nur noch Sepp genannte Josef Dieter genug von sich reden. Den Dieter würde er übrigens heute am liebsten selbst auf amtlichen Papieren unterschlagen: „Dieser zweite Vorname, der gar nicht zu mir paßt, ist der einzige Vorwurf, den ich meinen Eltern mache."

Der kleine Maier war erst ein Jahr alt, als die Familie von der Donau an die Isar umzog – genauer: nach Haar, einer wenige Kilometer östlich von München gelegenen Gemeinde. Hier wuchs der Sepp auf, aber auch das Vorort-Domizil berechtigt ihn, sich als „echtes Münchner Gwachs" zu betrachten.

Sepp Maier weiß nicht mehr genau, ob er sechs oder gar erst fünf Jahre alt war, als er sein erstes „Geschäft" in Sachen Fußball tätigte. Er hatte als Weihnachtsgeschenk ein Paar Fußballstiefel bekommen, dazu eine Armbanduhr. Die Uhr interessierte ihn jedoch nicht so sehr wie der Fußball, der für seinen Bruder Horst auf dem Gabentisch lag. Sepp schlug Horst einen Tausch vor, der Bruder willigte ein – und der Jüngere nahm Fußballschuhe und Ball freudestrahlend mit ins Bett.

Seine ersten sportlichen Erfolge verzeichnete der spätere Nationaltorhüter allerdings nicht im Fußball, sondern im Turnen. Als Sechsjähriger wurde er Mitglied der Turnabteilung des Turn- und Sportvereins Haar. „Schon nach kurzer Zeit ließ der Sepperl sehr gute Anlagen erkennen", erinnert sich der damalige Oberturnwart und Übungsleiter des Vereins, Hans Kienbacher. „Besonderes Talent zeigte er bei den Sprungübungen am Pferd und im Bodenturnen. Er war erst ein Jahr bei uns, als wir mit unserer Riege bei einem Kinderturnfest in Grafing den ersten Preis errangen. Sepperl machte zwar einen ziemlich schwächlichen Eindruck, aber er war sehr zäh."

Die Wege Kienbachers und Maiers kreuzten sich später noch einmal, als Sepp für die Turner schon verloren war und nur noch Fußball spielte. Der Übungsleiter baute für die Wanderer-Werke, bei denen Sepp in Ausbildung war, eine Lehrlings-Sportgruppe auf. Kienbacher: „Der Sepp war dabei und erwies sich als hervorragender Weit- und

Hochspringer. Er hätte es ganz sicher auch in der Leichtathletik weit gebracht, hätte er sich ernsthaft mit dieser Sportart beschäftigt. Im übrigen war er auch schon als Bub und als Jugendlicher sehr kameradschaftlich und recht pfiffig. Gab es einmal schlechte Laune, hat er uns alle aufgemuntert."

Franz Heiß, früher Fußball-Jugendleiter des TSV Haar, hat Sepp Maier aus dessen Schülerzeit ebenfalls als „Grischperl" und als „Gaudibursch" in Erinnerung. Grischperl – so sagt man in Bayern für ein körperlich nicht sehr stark entwickeltes Kind. „Koa Wind derf net geh", so sagten sie damals in Haar, wenn sie den kleinen Burschen auf dem Fußballplatz herumrennen sahen. Während der ganzen Zeit, in der er „offiziell" turnte, jagte er als „Straßenfußballer" auch schon dem runden Leder nach. Da kickte er nicht nur mit echten Fußbällen, sondern trat auch gegen Tennisbälle, Blechbüchsen und alle anderen Arten von Ballersatz. Als er neun Jahre alt war, ließen sie den Sepp Maier zum erstenmal am Training der Schülermannschaft des TSV Haar teilnehmen, mit zehn wurde er Stammspieler der 1. Schülerelf – aber nicht etwa als Torwart. „In den ersten Jahren war ich nur Feldspieler, vorzugsweise Mittel- oder Halbstürmer", berichtet Sepp Maier. „Und von diesen Posten schwärme ich heute noch."

War er vielleicht ein gefürchteter Torjäger? Der ehemalige Jugendleiter Heiß lächelt und sagt: „Das kann man nicht gerade behaupten. Seine Spielanlage entsprach seiner Wesensart und seinem Temperament. Wenn er auch nicht allzu viele Tore erzielte, so war er doch ein recht geschickter Spieler. Und mit seinen Späßen verwirrte er oft genug die Gegner."

Im letzten Jahr seiner Zugehörigkeit zur Altersklasse der Schüler wurde Sepp Maier erstmals Torwart in einer „richtigen" Mannschaft. Der Stammtorhüter der Schülerelf war aus Haar verzogen, der Jugendtrainer dachte an den vielseitig talentierten Sepp – und der probierte es „nur so zur Gaudi“ einmal aus, sich zwischen die Pfosten zu stellen. Doch obwohl das Experiment alles andere als ein Fehlschlag war, verschwendete Sepp Maier keinen Gedanken daran, für immer Torwart zu werden. Zu jener Zeit hieß seine Devise: „Es ist viel schöner, selber Tore zu erzielen, als den Ball aus dem Netz zu holen.“

Freilich, so ganz ungewohnt war der neue Posten für ihn nicht, denn es gab eine „Vorbelastung“ durch häusliches Training. Der Vater, Angestellter im Bezirkskrankenhaus Haar und früher selbst aktiver Fußballer, hatte daheim ein Tor aufgestellt und betätigte sich häufig als Trainingspartner. Seine Schußkraft war gefürchtet, und da konnte es schon einmal passieren, daß der leichtgewichtige Sohn mit dem Ball, den er gefangen hatte, hinter der Torlinie landete. Sepps Brüder – Horst, der ältere, und Hans, der jüngere – spielten übrigens auch Fußball. Sie hatten ebenfalls Talent, doch ihr Ehrgeiz war nicht so ausgeprägt wie der von Sepp. Sie gaben sich damit zufrieden, Amateure zu bleiben und in der 1. Mannschaft des TSV Haar zu spielen.

Der 14jährige Sepp Maier wurde gleich in die 1. Jugendmannschaft aufgenommen – gewissermaßen als Pendler zwischen Sturm und Tor. Er begann als Feldspieler, aber als nach einiger Zeit der etatmäßige Torhüter Wiggerl Göschl verletzt wurde, hieß es wieder einmal: Maier ins Tor. Der Sepp protestierte, versuchte den Jugendleiter umzustimmen, doch alles Bitten half nichts. Er blieb Tormann, bis Göschl wieder fit war.

Zwei Monate durfte er sich dann im Sturm austoben, ehe er nach einer weiteren Verletzung Göschls erneut den Torwart-Pullover überziehen mußte. Die Maßnahme des Nachwuchstrainers, Maier mit dieser Aufgabe zu betrauen, hatte durchschlagenden Erfolg. Der Junge wurde immer besser. Er brauchte auch gar nicht mehr damit getröstet zu werden, daß der Positionswechsel ja nur als Übergangslösung gedacht sei. Es machte ihm, obwohl er sich das selbst nicht recht eingestehen wollte, immer mehr Spaß, zwischen den Pfosten herumzufliegen.

Inzwischen war der Bayern-Jugendtrainer Rudi Weiß, der seinerzeit auch Jugendleiter des Kreises München war, auf das große Talent vor den Toren der Bayern-Metropole aufmerksam geworden: Er nominierte Sepp Maier für ein Spiel der Münchner Jugendauswahl, der sonst fast nur Sportler der Großvereine FC Bayern und TSV 1860 angehörten, gegen die Jugendauswahl des Landes Salzburg. In der zweiten Halbzeit wurde Sepp eingesetzt, und er war so übereifrig, daß er, wie Rudi Weiß erzählt, „fast vom Platz gestellt worden wäre, weil er sich bei einem Elfmeter dreimal hintereinander zu früh bewegte".

Wenig später trat das Haarer Nachwuchsteam auf eigenem Platz gegen die 1 b-Jugend des FC Bayern an, und diese Begegnung wurde, wenngleich Sepp Maier mit gemischten Gefühlen dann zurückdenkt, zu einer Art „Schicksalsspiel" für ihn. Die Gastgeber verloren 0:7 – aber Maier war der überragende Spieler auf dem Platz. Ohne ihn hätte es sicherlich ein zweistelliges Resultat gegeben. Weil er damals nur etwa 1,65 Meter groß war, glaubten die Bayern, dem Sepp vor allem mit hohen Bällen beikommen zu können. Da hatten sie sich jedoch gründlich getäuscht. Mit seiner enormen Sprungkraft meisterte er viele Schüsse, bei denen die Gegner schon die Arme zum Torjubel hochreißen wollten.

Die Bayern suchten für ihre Jugend einen Torwart. Das traf sich mit dem Wunsch Sepp Maiers, zu seinem Lieblingsverein zu gehen. Dazu muß man wissen, daß der junge Fangkünstler sich schon zu Schülerzeiten als Mitglied beim FC Bayern hatte aufnehmen lassen. Zwei, drei Wochen lang war er damals zum Training nach München in die Säbener Straße gefahren. Der Betrieb auf dem weitläufigen Trainingsgelände der Bayern hatte ihn mächtig beeindruckt, doch er selbst war unbeachtet geblieben. Nicht einmal für eine untere Schülermannschaft war er berücksichtigt worden, und da war der „Kleine" reumütig zum TSV Haar zurückgekehrt.

Nun aber war er dem renommierten Jugendtrainer Weiß aufgefallen, der in den 60er Jahren nicht nur Franz Bekkenbauer, sondern auch weitere bekannte Spieler wie Georg Schwarzenbeck, Rudi Nafziger, Dieter Brenninger und Peter Kupferschmidt aus dem eigenen Nachwuchs an die „Erste" weitergab. Das neuerliche Interesse Maiers am FC Bayern war hauptsächlich durch Richard Kupferschmidt, der mit ihm zusammen als Maschinenschlosser lernte, geweckt worden. Der Bruder von Peter Kupferschmidt, mit dem er später lange Jahre in einer Mannschaft spielte, hatte ihm immer wieder von den „Rothosen" – wie manche Reporter die Bayern damals zu bezeichnen pflegten – vorgeschwärmt. Noch dazu war der Ungar Arpad Fazekas, der in jener Zeit das Bayern-Tor hütete, ein Idol Sepp Maiers.

Rudi Weiß hatte im Gegensatz zu Schülerbetreuern seines Vereins die Fähigkeiten Sepp Maiers schnell erkannt. Als er den Jüngling fragte, ob er nicht zum FC Bayern kommen wolle, rannte er offene Türen ein. Sepp überwand den Zwiespalt, in den ihn die bevorstehende Trennung von seinem Stammverein riß. Und er setzte sich über die Bedenken hinweg, ob er diesmal wirklich beim Oberligaclub zum Zuge komme. Mit Tränen in den Augen gestand er am Nachmittag nach dem Spiel gegen den Bayern-Nachwuchs dem von ihm geschätzten Franz Heiß, daß er den TSV Haar verlassen werde. Der Jugendleiter war von diesem Entschluß natürlich nicht begeistert, aber er hatte volles Verständnis für den Wunsch des ehrgeizigen jungen Spielers, eine ungewöhnliche Chance beim Schopf zu pakken.

Als 15jähriger vollzog Sepp Maier 1959 seinen einzigen

Vereinswechsel. Diesmal gingen seine Erwartungen voll in Erfüllung: Der „Kleine“ aus dem Vorort wurde beim traditionsreichen, einige tausend Mitglieder starken Verein sofort Nachwuchs-Torhüter Nummer eins. Der „ungeschliffene Diamant“, wie Rudi Weiß ihn nannte, wurde zurechtgefeilt. Eine Zeit voller stolzer Erfolge fing an, die Karriere führte steil nach oben. Sepp Maier errang mit dem FC Bayern die Münchner Jugendmeisterschaft und den Sieg im Kreisjugendpokal; er wurde in die oberbayerische Jugendauswahl berufen, spielte mit 16 erstmals in Bayerns A-Jugendauswahl, trug schließlich mit 17 zum erstenmal das Trikot der Jugend-Nationalelf. Zweimal war er Teilnehmer an den Jugendturnieren der Europäischen Fußball-Union (UEFA).

Wieder einmal erwies sich, bevor er den Sprung auf die internationale Bühne schaffte, eine Niederlage für Sepp Maier als bedeutungsvoll. Die Bayern verloren in Augsburg das Endspiel um die bayerische Jugendmeisterschaft 1:3 gegen den 1. FC Nürnberg, doch der Bayern-Schlußmann überzeugte den bayerischen Verbandstrainer Horst Stürze trotz der drei Gegentreffer so sehr, daß er mit 36 anderen Jugendspielern zu einem Lehrgang in die Sportschule München-Grünwald eingeladen wurde. 20 davon wurden für ein Nachwuchs-Turnier des Deutschen Fußball-Bundes ausgesiebt, Sepp Maier zählte dazu. Das „schmalbrüstige Bürscherl“ (so Rudi Weiß) war in der Zwischenzeit doch auch etwas kräftiger geworden.

In Bayern war es ihm bald gelungen, die ganze Konkurrenz auszustechen. Das setzte sich bald auf höherer Ebene fort. Im DFB-Jugendpokal der Saison 1960/61 erreichte Süddeutschland das Finale gegen den Norden. Ein 1:1 beim ersten Treffen in Offenburg machte ein Wiederholungsspiel notwendig, das Norddeutschland in Hamburg mit 3:0 gewann. Auch in diesem Fall war der Torwart der unterlegenen Elf an der Schlappe schuldlos: er hieß Sepp

Maier – und er wurde zu einem Vorbereitungs-Lehrgang für das UEFA-Turnier 1961 in Portugal nach Saarbrücken eingeladen. Damals war Helmut Schön der Nachwuchstrainer des DFB, „und der ließ sich nicht von einem einzigen guten oder einem einzigen schlechten Spiel beeinflussen“, sagt Maier. Sechs Torhüter standen für die Jugend-Nationalelf in der engeren Wahl. Sepp Maier setzte sich durch, mit unbändigem Ehrgeiz, ungeheurer Willenskraft, großem Trainingsfleiß und auch mit etwas Glück, wie er rückschauend zugibt. Von den fünf Konkurrenten, die er seinerzeit hatte, spricht heute – und schon seit vielen Jahren – niemand mehr.

So selbstbewußt Sepp Maier damals schon wirkte – er wurde doch immer wieder von Zweifeln geplagt: War er in den Test- und Auswahlspielen gut genug gewesen, hatte er im Lehrgang den Anforderungen entsprochen? Würde Helmut Schön ihn für weitere Aufgaben holen? Ungeduldig wartete er stets auf den nächsten Brief aus Frankfurt mit dem DFB-Emblem.

An seinem Eifer und seiner Einstellung dem Leistungssport gegenüber gab es nichts auszusetzen. Ein- oder zweimal in der Woche unterzog er sich zusätzlich zum allgemeinen Jugendtraining einem speziellen Torwart-Training mit Rudi Weiß. Dabei legte man die Grundlagen für seine besondere Stärke, hohe Flanken sicher abzufangen. Der Trainer korrigierte Sepps Fehler, holte den jungen Mann, wenn es sein mußte, auf den Boden der Tatsachen zurück. Er machte ihm immer wieder klar, wieviel er noch lernen müsse. Sepp Maier ist Rudi Weiß für seine bildhafte, gelegentlich harte Kritik heute noch dankbar.

Inzwischen hatte sich Sepp neue Vorbilder erkoren: In seinem „Fach“ den großartigen Russen Lew Jaschin und ganz allgemein Max Schmeling. Der Ex-Weltmeister hatte sich im Leben von ganz unten nach ganz oben geboxt, und das wollte Sepp Maier – im übertragenen Sinne – mit dem

Fußball erreichen. Er gab sich nicht damit zufrieden, mit dem Strom zu schwimmen, er wollte besser sein als alle anderen. Er träumte davon, auf dem Weg über die Jugend-Nationalelf sich im „großen“ Fußball zu etablieren, in alle Welt zu reisen, in den berühmtesten Stadien des Erdballs zu spielen. Und er hat alle seine Ziele in relativ kurzer Zeit erreicht...

Zwei Wochen, nachdem er 17 Jahre alt geworden war, bestritt Sepp Maier bei einem 2:0 gegen England sein erstes von insgesamt elf Jugend-Länderspielen. Wenig später gab es für ihn mit dem UEFA-Turnier in Portugal die erste wichtige internationale Bewährungsprobe. Diesem Turnier räumt er in seinen Erzählungen einen besonderen Stellenwert ein. Von den damals noch weitgehend unbekannten Spielern der DFB-Auswahl machten sich in der Folge der Berliner Bernd Patzke, der seinerzeit noch für Siegburg spielende Wolfgang Overath, der Schalker Reinhard Libuda und der Oberhausener Hans Jürgen Sundermann als Nationalspieler einen Namen.

Sepp Maier meint, sich an sechs Spiele in Portugal erinnern zu können. Aber es waren tatsächlich nur fünf, von denen er mit Können und Glück die ersten drei ohne Gegentor überstand. Dem 4:0-Auftaktsieg über Belgien folgte ein 0:0 gegen Rumänien und ein 3:0 gegen Holland. Das Spiel um den Einzug ins Finale ging 1:2 verloren.

„Es war alles sehr aufregend für mich. Wenn man als 17jähriger im Ausland vor einer Riesenkulisse spielt, dann flattern einem schon manchmal die Nerven. Andererseits war es für mich immer ein Ansporn, vor einer großen Zuschauermenge im Tor zu stehen“, berichtet Sepp Maier.

Bei diesem UEFA-Turnier sprang für den Nachwuchs der Bundesrepublik am Ende durch einen 2:1-Erfolg über Spanien der dritte Platz hinter Portugal und Polen heraus. In fast allen Berichten aus Lissabon und Porto wurden Maier und Patzke als beste deutsche Spieler gelobt, und über Anerkennung von Fachleuten hat sich der Sepp schon immer riesig gefreut.

Ein Jahr später hütete Sepp beim nächsten UEFA-Turnier in Rumänien wieder das Tor der Jugend-Nationalelf, aber diesmal schnitt die DFB-Vertretung nicht so gut ab. Mit zwei 1:1-Unentschieden gegen Portugal und Belgien war man gestartet, die folgende 0:3-Niederlage vor 90 000 Zuschauern in Bukarest gegen Gastgeber und Turniersieger Rumänien bedeutete das „Aus“.

Bei allem Engagement für den Sport vernachlässigte Sepp Maier seine Berufsausbildung nicht. Seine Lehre als Maschinenschlosser bezeichnet er als „verflixte dreieinhalb Jahre“.

Mit 60 Mark Monatslohn konnte er keine großen Sprünge machen. In dieser Zeit hatte der junge Mann keinen einzigen Tag echten Urlaub, „so mit süßem Nichtstun“. Die ihm zustehenden vier Wochen Urlaub opferte er restlos dem Sport, für Training, Lehrgänge, Spiele, Turniere.

Nach Arbeitsschluß begab er sich dreimal in der Woche in die Säbener Straße zum zwei bis zweieinhalb Stunden dauernden Training, an das sich oft noch eine Besprechung anschloß. Es wurde häufig 23 Uhr, bis er todmüde ins Bett fiel, und um 6 Uhr mußte er wieder aufstehen. Immer fuhr Sepp Maier mit dem Moped von Haar nach München und zurück, bei Wind und Wetter, bei Regen und Sonne, bei Eis und Schnee. Aber er tat dies ja alles aus freien Stücken . . .

In der Berufsschule wäre er vor Müdigkeit manchmal fast eingeschlafen. An diesen Tagen mußte er nämlich wegen des frühen Unterrichtsbeginns (7.30 Uhr) sogar schon um halb sechs aus den Federn. Er hatte insofern Glück, als zuerst Religionsunterricht auf dem Stundenplan stand und er in der letzten Reihe saß. Außerdem scheint der Religionslehrer ein Fußballfan gewesen zu sein, der bei dem geistig abwesenden Torwart nicht nur ein, sondern sogar beide Augen zudrückte. Unter den Mitschülern und auch unter den Lehrern hatte sich mittlerweile herumgesprochen, daß Maier beim FC Bayern spielte und auch in die Jugend-Nationalelf berufen worden war.

In den ersten Jahren seiner Laufbahn schaffte sich der spätere Weltmeister die Sportausrüstung noch vom eigenen Geld an. Sein Vater, mit Reichtümern nicht gesegnet, vertrat die Meinung, daß ein junger Mensch für sein Vergnügen auch Opfer bringen müsse. War's wirklich ein Vergnügen? Sepp Maier will nichts missen, was er in jenen Jahren mit all ihren Entbehrungen erlebte. Daß er im Training schwitzte, während Altersgenossen zum Tanzen oder ins Kino gingen, kann ihn im nachhinein nicht mit Neid erfüllen. Er nahm die Nachteile, ohne zu murren, in Kauf, „denn dadurch habe ich es geschafft, Nationaltorwart zu werden und andere Vorteile zu genießen". Sepp Maier machte sich einen Leitsatz seines Vaters zu eigen, der lautet: „Aus einem, dem alles zu leicht gemacht wird, kann nichts Vernünftiges werden."

Der junge Mann mußte in der Tat viel Energie und Selbstüberwindung aufbringen, um neben der starken Beanspruchung durch den Fußball auch im Beruf vorwärtszukommen. In seinen jungen Jahren konnte er nicht ahnen, daß ihm eines Tages sein Hobby Tennis eine wirtschaftliche Sicherheit verschaffen würde. Damals wollte er nicht nur ein überdurchschnittlicher Fußballer, sondern auch ein guter Maschinenschlosser werden. Bei seiner Vorbereitung auf die Gesellenprüfung mußte er viel lernen.

Blieb da außer Fußball und Beruf überhaupt noch Zeit für irgend etwas anderes? „Ich habe viel gelesen, eigentlich alles, was mir in die Finger kam", erzählt Sepp Maier. Wenn er die Auswahl hatte, bevorzugte er sportliche Themen.

Als einen „Sport-Asketen“ hat Maier sich selbst einmal bezeichnet. Der inzwischen lang aufgeschossene, hagere Sepp war – man darf es sagen, ohne ihn zu kränken – ein Fußball-Verrückter. Er spielte des öfteren zweimal an einem Wochenende für seinen FC Bayern: Am Samstag als Torhüter in der ersten, 24 Stunden später als Mittelstürmer in der zweiten Jugend. Um diesen Doppel-Einsatz brauchte er gar nicht so sehr zu betteln, denn das Motto von Jugendleiter Weiß hieß: „Ein guter Torwart sollte auch als Feldspieler seinen Mann stellen können.“

Der Sepp fand sich in allen Fußball-Sätteln zurecht, und er wurde im Laufe der Zeit zu einem „richtigen Bomber mit einem Mordsschuß“, wie Rudi Weiß berichtet. Maiers Mannschaftskameraden beim FC Bayern und in der Nationalmannschaft wissen ein Lied davon zu singen, denn im Training jagt er ihnen oft Elfmeter und Freistöße um die Ohren.

Vom Sommer 1962 an gab es nur noch den Ex-Jugend-Nationaltorwart Sepp Maier. Mit dem Ende der Saison 1961/62 mußte er den altersbedingten Abschied aus der Juniorenklasse nehmen, und bei den „Senioren“ wurde der 18jährige (ausnahmsweise einmal) nicht gleich erste Wahl im Tor des FC Bayern. Ein Jahr lang spielte er in der Reserve, mußte er Fritz Kosar, der zuvor im Schatten von Arpad Fazekas gestanden hatte, den Vortritt lassen.

Zwei Qualifikationsspiele der Amateur-Nationalmannschaft für die Olympischen Spiele 1964 in Tokio standen bevor. Gegner war die DDR, im damaligen Sprachgebrauch weitgehend noch Sowjet- oder Ostzone genannt. Sepp Maier hatte innerhalb weniger Jahre auf sportlichem Gebiet ungewöhnlich viel erreicht – jetzt wollte er unbedingt auch in Japan dabeisein. Olympia sollte der erste Höhepunkt seiner Laufbahn werden.

Vor den entscheidenden Spielen mit der Vertretung aus dem anderen deutschen Staat gab es im Mai 1963 noch ein großes Amateurturnier in verschiedenen Städten Englands – mit Maier im Tor der DFB-Auswahl. Die deutsche Mannschaft wurde Gruppensieger durch ein 1:0 gegen Holland, ein weiteres 1:0 gegen den starken Rivalen England und ein 4:2 gegen Frankreich. Das Endspiel gegen den Ersten der anderen Gruppe, Schottland, ging mit 2:5 überraschend hoch verloren. Dennoch bezeichneten Fachkritiker Maier als den besten Torhüter des Turniers.

Nach diesen vier Spielen innerhalb einer Woche – es blieben seine einzigen in der Amateur-Nationalmannschaft – schien der Sepp die Fahrkarte in den Fernen Osten in der Tasche zu haben, immer vorausgesetzt, daß sich das DFB-Team in der innerdeutschen Qualifikation durchsetzen würde.

Es kam jedoch alles ganz anders.

Maier, der anschließend im Amateur-Länderpokal des DFB zu den Stützen der erfolgreichen bayerischen Auswahl zählte, war in den Spielen gegen die DDR gar nicht mehr dabei.

Inzwischen war die Bundesliga eingeführt worden. Die von den Fußballfans in Deutschland seit langem ungeduldig erwartete Entscheidung brachte für den FC Bayern einen schweren Schock: Er gehörte im Gegensatz zum Lokalrivalen 1860 nicht zum Kreis der 16 Auserwählten, obwohl er in den beiden letzten Jahren vor der Gründung jeweils den dritten Platz der spielstarken Oberliga Süd belegte. So wurde der 11. Mai 1963 zu einem schwarzen Tag für den FC Bayern. Der Tag, an dem der DFB dem Verein in einem eingeschriebenen Brief mitteilte, daß er nicht in die Bundesliga aufgenommen worden sei. Alle Proteste und Beschwerden blieben ohne Erfolg.

Der FC Bayern wurde also in die neugeschaffene Regionalliga Süd eingereiht, und zu jener Zeit galt die Bestimmung, daß ein Amateur nicht häufiger als zweimal in der Vertragsspielermannschaft eingesetzt werden darf. Sepp

Maier war noch Amateur, hatte aber schon zwei Spiele in der Regionalliga hinter sich, als Fritz Kosar vor einem wichtigen Punktspiel gegen Kickers Offenbach wegen einer Verletzung ausfiel. Nun mußte Sepp, wenn er seinen Verein nicht im Stich lassen wollte, dem Statut entsprechend Vertragsspieler werden.

Er war hin und her gerissen, fühlte sich aber dem FC Bayern verpflichtet – trotz des übermächtigen Wunsches, an den Olympischen Spielen teilzunehmen. Daß ihm sein Entschluß nicht noch schwerer gemacht wurde, war dem seinerzeit auch als Amateurtrainer tätigen Helmut Schön zu verdanken, dem er versprochen hatte, bis zu den Olympischen Spielen Amateur zu bleiben. Der um Rat gefragte Fußball-Lehrer erklärte Sepp Maier, daß er volles Verständnis für das Anliegen des Vereins habe und seinem Torwart nichts in den Weg legen werde.

Sepp Maier unterschrieb schweren Herzens schließlich einen Vertrag für drei Jahre und bekam wenig später die freilich nur für ihn selbst tröstliche Gewißheit, daß es mit der Japan-Reise sowieso nichts geworden wäre: Die DFB-Amateure schafften es nicht gegen die „erste Garnitur“ der DDR. Sie konnten gegen den späteren Bronzemedaillengewinner von Tokio eine 0:3-Niederlage in Karl-Marx-Stadt (Chemnitz) durch einen 2:1-Sieg in Hannover nicht mehr wettmachen.

Mit Trainer Zlatko („Tschik“) Cajkovski, der im Sommer 1963 als Nachfolger von Helmut Schneider zu den Bayern kam, wurde ein neues Kapitel in der Fußball-Karriere Sepp Maiers aufgeschlagen. Der junge Torhüter erkannte in dem Vollblutfußballer aus Jugoslawien, der am liebsten selbst immer noch mitgespielt hätte, sofort „eine verwandte Seele“: „Er war so fußballverrückt wie ich“, stellte der Sepp einmal fest, „er war kein Feldwebel und kein hochnäsiger Lehrmeister.“

In der ersten Hälfte der Saison 1963/64 kamen im Bayern-Tor abwechselnd Kosar und Maier zum Zug. Dem jüngeren der seinerzeit sicherlich gleichstarken Torhüter bescheinigte man, daß er sich von Spiel zu Spiel steigerte. Aber selbst jetzt noch trauerte er einem Posten im Sturm nach. „Weil der Tormann halt immer schuld ist", jammerte er seinen Freunden oft etwas vor.

Sepp Maier, temperamentvoller als der immer stille, bescheidene Fritz Kosar, wurde in der Rückrunde zum Torwart Nummer eins. Alle Anstrengungen beim FC Bayern waren in diesem Jahr auf das eine Ziel ausgerichtet, auf Anhieb in die Bundesliga aufzusteigen. In der Endphase der Punktspiele war für die Bayern der Meistertitel der Regionalliga Süd in greifbare Nähe gerückt. Doch die Münchner wollten gar nicht Meister werden, sondern aus taktischen Gründen, die mit der Einteilung der Gruppen für die Aufstiegsrunde zusammenhingen, den zweiten Rang belegen.

Im letzten Heimspiel war die TSG Ulm 1846 der Gegner. Die Partie wurde zum großen Tag des Ersatz-Mittelstürmers Otto Jaworski. Er erzielte drei Treffer für die Bayern, brachte seine Mannschaft mit 4:3 in Führung und war außer sich vor Freude, bis die Hochstimmung des offenbar ahnungslosen Torjägers jäh gedämpft wurde. „Bist du verrückt, ein Tor nach dem anderen zu schießen", fauchte Kapitän Adi Kunstwadl den verdatterten Jaworski an. „Wir müssen das hinten jedesmal wieder ausbügeln." Sepp Maier hechtete mit beachtlicher Schauspielkunst wie ein Fliegenfänger durch den Strafraum und hatte ein gerüttelt Maß „Verdienst" daran, daß der FC Bayern 4:6 unterlag. Der zweite Platz hinter Hessen Kassel war „gerettet". „Gut gemacht", sagte Tschik und strahlte wie nach einem großen Sieg. „Jetzt müssen wir nicht gegen Aachen und Hannover spielen." Es war, wie sich in den folgenden Wochen herausstellte, eine Fehlkalkulation.

Nur am Anfang der Aufstiegsrunde lief alles nach Plan.

Das erste Spiel beim FC St. Pauli wurde überzeugend mit 4:0 gewonnen. Zum erstenmal erschien bei dieser Gelegenheit übrigens der Name Beckenbauer in der Bayern-Aufstellung: Der 18jährige gab sein Debüt als Linksaußen!

Vier Tage später mußten sich die Münchner zu Hause zwar mit einem 1:1 gegen Tasmania 1900 Berlin zufriedengeben, doch dann folgte wieder ein Auswärtssieg. Das 1:0 in Saarbrücken gegen Borussia Neunkirchen rettete Sepp Maier, der mehrere Glanztaten damit krönte, daß er einen Elfmeter hielt. 5:1 Punkte und der erste Tabellenplatz bei „Halbzeit" der Aufstiegsrunde – bei den Bayern sprach man schon von der Bundesliga, als würde man dazugehören. Maier erinnert sich: „Wir waren ein bißchen zu überheblich, wir überschätzten uns vielleicht."

Die Strafe folgte auf dem Fuß: Am ersten Rückrunden-Spieltag stolperten die Bayern im Stadion an der Grünwalder Straße. Sie verloren gegen Borussia Neunkirchen vor allem deshalb mit 0:2, weil der lange Willi Ertz im gegnerischen Tor das „Spiel seines Lebens" machte. Das Selbstvertrauen der Münchner war angekratzt, in Berlin folgte eine 0:3-Niederlage gegen Tasmania. Eine Stunde lang hatte Maier großartig gehalten, dann machte er einen Fehler, und mit diesem 0:1 brach das Verhängnis über die Gäste herein. Von Aufstiegshoffnungen konnte keine Rede mehr sein, und im letzten Treffen nützte auch ein 6:1 über St. Pauli nichts mehr, weil zur gleichen Zeit Neunkirchen gegen Tasmania 1:0 gewann und damit das große Bundesliga-Los zog.

Der FC Bayern mußte ein weiteres Jahr mit der Regionalliga leben. Diesmal hieß das Motto: Keine Experimente bezüglich des Tabellenplatzes, keine taktischen Finessen, sondern Durchmarsch zur Meisterschaft. Experimente, und zwar vollauf geglückte, gab es nur bei der Verjüngung der Mannschaft, die nun einen Altersdurchschnitt von knapp 22 Jahren aufwies.

Als das Aufstiegsziel im ersten Jahr nicht erreicht worden war, hatte es im Verein viel Opposition gegen Präsident Wilhelm Neudecker und Trainer Zlatko Cajkovski gegeben. Doch Neudecker behauptete sich und erreichte auch, daß Tschik bleiben durfte und sein Konzept mit einer radikal umgebauten Mannschaft durchsetzen konnte. Neben Sepp Maier und Franz Beckenbauer gelang nun weiteren jungen Spielern der Durchbruch: Gerd Müller, Rudi Nafziger, Franz Roth – um die bekanntesten zu nennen. Das neuformierte Team brach alle Regionalliga-Rekorde im Toreschießen. Es schloß die Saison mit dem sensationellen Torverhältnis von 146:32 ab und wurde Meister mit drei Punkten Vorsprung vor dem SSV Reutlingen.

In die zweite Aufstiegsrunde ging man ohne falsche Selbsteinschätzung, aber sie brachte um so mehr Erfolg. Den einzigen Dämpfer gab es gleich am zweiten Spieltag: Eine 0:1-Niederlage der Bayern trotz vieler guter Möglichkeiten, die Begegnung für sich zu entscheiden. Gestartet war die Mannschaft mit einem 2:0-Sieg über Tennis Borussia Berlin. Schlüsselspiele waren jedoch die beiden Treffen mit Alemannia Aachen, in denen auch Sepp Maier am stärksten geprüft wurde. Daheim behielten die Bayern mit 2:1 die Oberhand, am Aachener Tivoli erkämpften sie ein 1:1. Beim Münchner Spiel mußte übrigens Alemannias hervorragender Stopper Branko Zebec schon nach kurzer Zeit verletzt vom Platz, eben jener Zebec, der, was damals noch niemand ahnen konnte, drei Jahre später Bayern-Trainer wurde.

Die abschließenden beiden Partien gestaltete der FC Bayern zu Demonstrationen spielerischer Überlegenheit: Mit 5:0 geschlagen wurde der 1. FC Saarbrücken nach Hause geschickt, und ganz zuletzt glänzte die Bayern-Elf bei einem 8:0 im Berliner Olympiastadion gegen Tennis Borussia. Die Bayern hatten es geschafft, gemeinsam mit einer Mannschaft, die ebenfalls attraktiven Fußball spielte. Der Aufsteiger aus der anderen Gruppe hieß Borussia Mönchengladbach.

Die Fußball-Welt in München war jetzt endgültig in Ordnung, die beiden großen Clubs der bayerischen Landeshauptstadt gehörten der Bundesliga an. Als die Bayern am Abend nach dem Berliner 8:0 auf dem Flughafen München-Riem eintrafen, bereiteten ihnen Tausende von Anhängern einen triumphalen Empfang. Sepp Maier war – zusammen mit der Mannschaft – auf der Karriereleiter wieder eine Stufe höher geklettert, doch er war damit noch längst nicht „satt" geworden.

Erfolge schlugen sich nun für ihn auch in finanzieller Hinsicht nieder, wenn auch die damals gezahlten Summen noch keinen Vergleich mit den Prämien aushielten, die „Beckenbauer & Co." in den 70er Jahren als Europacupsieger einsteckten. Aber Maier blieb ein „hungriger" Fußballer, sein Ehrgeiz verlangte nach weiteren großen Triumphen.

Sepp Maier 1966
vor seinem ersten Länderspiel

Stationen einer Karriere

1966 in Frankfurt: Sepp Maier mit dem DFB-Pokal (ganz links), nachdem Bayern gegen Meiderich 4:2 gewonnen hat. Links: Endspiel um den Europacup der Pokalsieger 1967 – Sepp Maier in Not, aber Bayern gewinnt in Nürnberg gegen die Glasgow Rangers. Unten: So sah es die „Sport-Illustrierte", das „Tor von Mailand". Was Sepp Maier dazu schrieb, ist auf Seite 90 zu lesen.

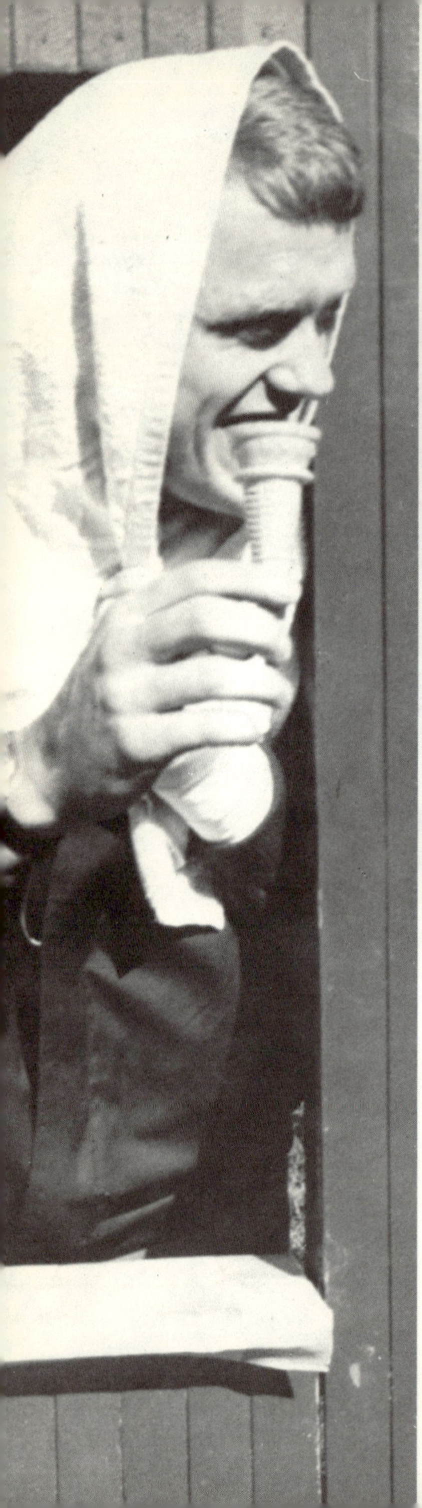

Faxenmacher Sepp Maier,
für jeden Spaß zu haben.

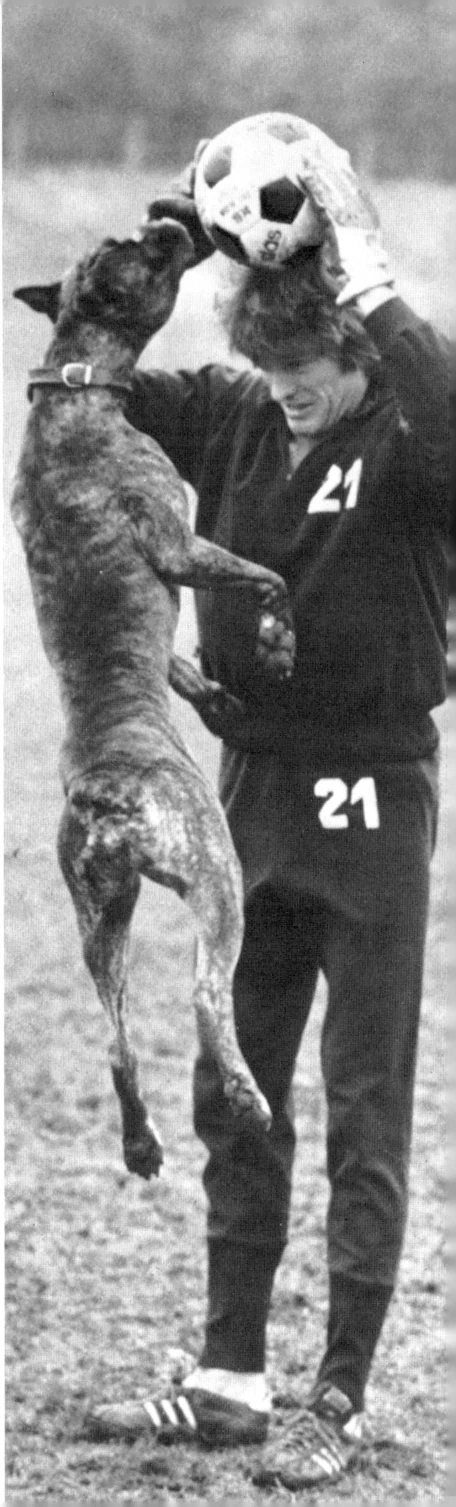
21
21

1969 – das Jahr des großen Triumphes: Bayern gewinnt das Pokalendspiel gegen Schalke und wird deutscher Fußballmeister. Oben: Sepp Maier mit DFB-Trophäe und CSU-Chef Franz Josef Strauß nach der Meisterehrung in München. Ernüchterung jedoch im Europapokal der Meister. Bayern verliert in St.-Etienne. Rechts: Maier beim 0:3 in St.-Etienne.

Stationen einer Karriere

Nächste Doppelseite: Sepp Maier mit Frau, Tochter und dem Jaguar „EBE – SM 1“.

PLAYBOY

EBE SM 1
XJ
12
D

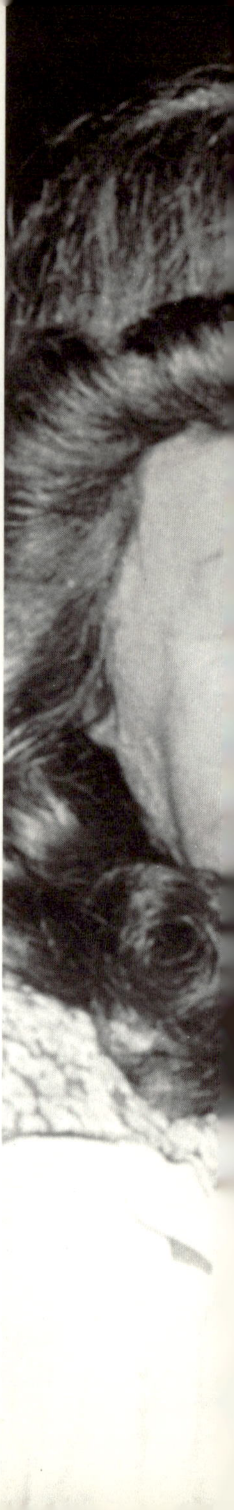

Stationen einer Karriere

Triumphjahr 1972 mit der Nationalelf. Links: Tor gegen Maier, aber schließlich erster Sieg in England. Unten: Die Europameister nach dem Endspiel gegen die UdSSR in Brüssel.

28. Juni 1972: Bayern ist wieder Meister nach einem 5:1 über Schalke im „Endspiel“. Aber im Europacup ein bitteres Ende für Sepp Maier: 0:4 in Amsterdam. Oben: 1:0 durch Haan.

Stationen einer Karriere

Am 9. Juni 1973 in München. Bayern hat den Meistertitel mit neun Punkten Vorsprung erfolgreich verteidigt, und Sepp Maier kann sich wieder einmal mit der Trophäe produzieren . . .

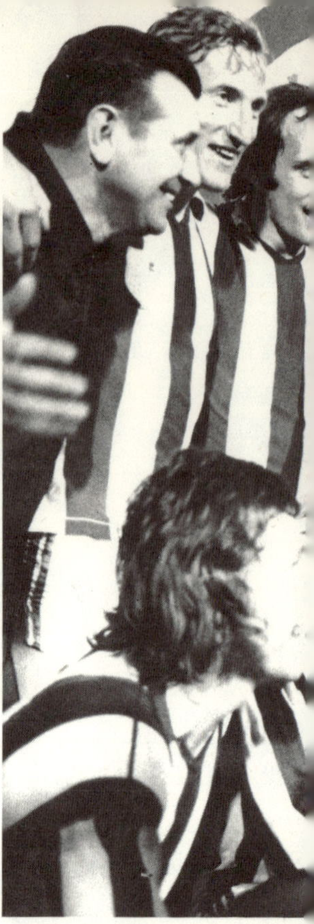

... und fast ein Jahr später ist Bayern endlich auch Europapokalsieger der Meister. Oben: Die Bayernelf nach dem gegen Atletico Madrid gewonnenen zweiten Endspiel. Zwei Tage später Meisterschaftsfinale in Mönchengladbach (links). Die Bayern verlieren zwar, aber sie sind zum drittenmal nacheinander Sieger in der Bundesliga.

zey
ÜCH

Fußball ist sein Leben, Tennis sein Hobby – und sein Geschäft. Oben, links: „Tennispark Sepp Maier“ in Anzing. Daneben: Sepp Maier notiert den nächsten Termin. Links außen: Maier in seinem Match gegen Tennismeisterin Helga Hösl, die er beim Fest der Sportpresse schlägt und schließlich abbusserlt.

8

Stationen einer Karriere

Europapokal 1975: Sepp Maier hat in Magdeburg einen Zahn verloren (links) und präsentiert sich in Paris im Endspiel gegen Leeds United einmal mehr als Supermann (oben). Die Bayern holen zum zweitenmal den Cup der Meister.

Mann c

1. und Mann des
   Sepp Ma
   (FC Bayern Münche
2. Franz Becke
   (FC Bayern Münche
3. Berti Vogts
   (Borussia M. Gladba
4. Jürgen Grab
   (Eintracht Frankfurt
5. Jupp Heync
   (Borussia M. Gladba

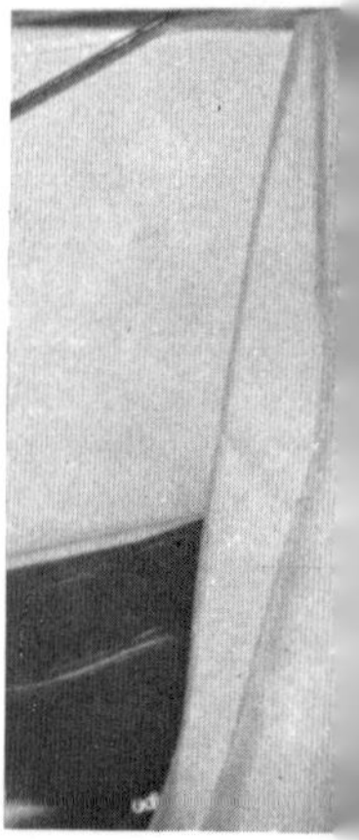

Sepp Maier, vielgeehrt: „Fußballspieler des Jahres", gewählt von den deutschen Sport-Journalisten (links). Und „Mann des Jahres", ermittelt in einer Umfrage unter Bundesligaspielern.

Erfolg an Erfolg

Endlich spielten also die Bayern in der Klasse, wo sie ihrer Meinung nach von Anfang an hingehört hätten. Gleich zum Start bescherte die Terminliste den Münchnern das „Spiel der Spiele", das Lokalderby gegen den TSV 1860, der schon zwei Jahre Erfahrung in der Bundesliga gesammelt hatte.

Die Bundesliga-Premiere des FC Bayern zählt zu jenen Treffen, die Sepp Maier nicht vergessen wird. „Wir waren eine Woche ins Trainingslager gegangen", erzählt er. „Und wir wollten alles daransetzen, um beim Debüt gegen den damals großen, berühmten Rivalen nicht jämmerlich unterzugehen." Die Bayern gingen nicht unter, aber sie verloren die Partie am 14. August 1965, in dem das Stadion an der Grünwalder Straße bis auf den letzten Platz ausverkauft war, mit 0:1.

Das war beim Neuling die „Mannschaft des ersten Tages": Maier; Kunstwadl, Olk; Beckenbauer, Danzberg, Drescher; Nafziger, Ohlhauser, Müller, Koulmann, Brenninger. Für diejenigen unter den 44 000 Zuschauern, die erwartungsfroh das rot-weiße Fähnchen schwangen, begann das Spiel mit einem Schock. Bereits nach 15 Sekunden hatte „Timo" Konietzka, der aus dem Westen importierte Torjäger der „Löwen", seinen Gegenspieler Danzberg, den aus dem Westen importierten Stopper der Bayern, mit einem wuchtigen Schuß an den Kopf ins Land der Träume geschickt. Die Sechziger nützten die Verwirrung in der gegnerischen Abwehr eiskalt aus: Danzberg wurde noch neben dem Tor gepflegt, da erzielte Konietzka auch schon das 1:0 für 1860. Nur 45 Sekunden Bundesliga – und Sepp Maier war bereits zum erstenmal geschlagen.

Es blieb der einzige Treffer in dieser Begegnung, in der eine Art Bruderkrieg ausbrach und in der sich die Gemüter nicht nur auf den Rängen, sondern auch auf dem Rasen über Gebühr erhitzten. „Wo das Prestige mitspielt, kommt leider der Sportgeist zu kurz", lautete Maiers Kommentar. Der Aufsteiger hatte einen Vorgeschmack von dem bekommen, was ihn in der Bundesliga erwartete. Aber so unerfreulich Sepps Erinnerungen an diesen Auftakt sind – eines hatten die Bayern schon in diesen 90 Minuten erkennen lassen: daß sie nicht gewillt waren, sich in der höchsten Klasse „auf dem Kraut verspeisen zu lassen".

Trainer Cajkovski hatte bei Saisonbeginn in seinem unverwechselbaren Deutsch verkündet: „Meine Zill ist Klasse erhalten, mehr brauchen nicht. Wenn junge Mannschaft das schaffen, ist gutt." Schon wenige Wochen später brauchte er nicht mehr nur vom Klassenerhalt zu reden. Seine „Jungs" machten nach dem 0:1 gegen den Lokalrivalen mit sechs Siegen hintereinander Furore. Vorübergehend stürmten sie sogar an die Tabellenspitze.

Die schlimmsten Rückschläge gab es ausgerechnet gegen Tschiks frühere Mannschaft: Gegen den 1. FC Köln zogen die Bayern am Rhein mit 1:6 und daheim mit 1:4 den kürzeren. Doch das Rückspiel gegen die „Löwen" wurde – und das erfüllte die Bayern-Fans mit besonderer Befriedigung – klar mit 3:0 gewonnen. In der Endabrechnung landete der Neuling immerhin auf Rang drei, mit drei Punkten Rückstand hinter dem Meister 1860 und punktgleich mit dem Zweiten Borussia Dortmund.

Man hatte sich gefragt, ob die Bayern in ihrer ersten Bundesliga-Saison genug Kraft hätten, um auch im DFB-Vereinspokal gut abzuschneiden. Sie belehrten schon bald alle Zweifler eines Besseren. Bereits in der

Qualifikation trafen sie auf den stärksten Gegner, den sie überhaupt bekommen konnten, auf Borussia Dortmund, die in dieser Saison den Europacup der Pokalsieger gewann. Die Bayern siegten 2:0 und räumten in der Folge Eintracht Braunschweig (1:0), den 1. FC Köln (2:0) und den Hamburger SV (2:1) aus dem Weg. Im Halbfinale trafen sie auf den Club, und in diesem „vorweggenommenen Endspiel", wie man das Treffen seinerzeit bezeichnete, setzten sich die Münchner gegen den alten Rivalen im Nürnberger Stadion nach Verlängerung mit 2:1 durch.

Das Pokalfinale am 4. Juni 1966 im Frankfurter Waldstadion gewannen die Bayern gegen den MSV Duisburg mit 4:2. Rückblickend sagt Sepp Maier: „Eine bessere Werbung für den Pokalwettbewerb als dieses Spiel hätte es kaum geben können. Unserem Trainer Tschik Cajkovski liefen Tränen der Freude über die Wangen." Er selbst hatte einen „Schokoladentag". Der Altinternationale Hans Jakob aus Regensburg, mit 38 Länderspielen Vorgänger von Hans Tilkowski und Sepp Maier als Rekord-Nationaltorwart, erklärte damals: „Was Maier heute gezeigt hat, war großartig. Er ist ein Klassetorhüter. Für mich gibt es zur Zeit keinen Besseren in Deutschland."

Der Empfang, der den Bayern nach diesem Triumph in München auf dem Marienplatz bereitet wurde, stellte alles in den Schatten, was die jungen Spieler bis dahin erlebt hatten. Sie wurden genauso umjubelt wie eine Woche vorher die Sechziger nach dem Gewinn der Meisterschaft. Und zu denen, die in Sprechchören am lautesten gefeiert wurden, gehörte der „Seppe". München, die „heimliche Hauptstadt", war endgültig auch Deutschlands Fußball-Hauptstadt geworden.

Die Saison 1965/66 war nicht nur deshalb von besonderer Bedeutung für Sepp Maier, weil sein FC Bayern das erste Jahr in der Bundesliga spielte und mit dem Pokalsieg das erste Meisterstück lieferte. Es gab auch noch andere wichtige Daten für den Ballfänger. Im Spätsommer 1965 heiratete er: Am 10. September standesamtlich im Münchner Vorort Anzing, in dem er seitdem – wenige Kilometer von Haar entfernt – wohnt, und am 13. September kirchlich in einer Münchner Barockkirche. Seine Auserwählte war die Kontoristin Agnes Scheibmaier (Sepp: „Sie brauchte nur die erste Silbe ihres Namens wegzulassen, dann hatte sie ihren neuen“). Und am 4. Mai 1966 durfte Maier in Dublin gegen Irland sein erstes Länderspiel bestreiten.

Einen Tanz auf drei Hochzeiten brachte für den FC Bayern das zweite Bundesligajahr. In den Punktkämpfen waren die Spieler um Franz Beckenbauer etwas schwankender als in der Saison zuvor, und als abzusehen war, daß es zur Meisterschaft nicht reichen würde – der FC Bayern belegte schließlich den sechsten Platz –, konzentrierte sich die Mannschaft auf Europacup und DFB-Pokal.

Cajkovski hatte aus seinen jungen Leuten eine Mannschaft internationaler Klasse geformt. Das zeigte sich in den Begegnungen um den Europacup der Pokalsieger. Nacheinander wurden Tatran Presov (CSSR), Shamrock Rovers (Irland), Rapid Wien und – mit besonders eindrucksvollen Leistungen – Standard Lüttich ausgeschaltet.

Das Finale am 31. Mai in Nürnberg gegen die Glasgow Rangers bot alles, was man sich von diesem Spiel versprochen hatte: Tempo, Klasse, Dramatik. Ein Tor von Franz Roth sicherte den Bayern in der Verlängerung die Trophäe. „Es ist eine wunderbare Sache, in einem solchen Spiel der Sieger zu sein“, schwärmte Sepp Maier. „Einige Jahre vorher hätten uns die harten schottischen Profis in der Verlängerung glatt niedergemacht. Aber durch die Bundesliga war unser Spiel viel schneller, athletischer, technisch perfekter geworden. Deshalb konnten wir auch international mithalten.“ Für einige Jahre war jener

Abend in Nürnberg Sepp Maiers „größtes Erlebnis". Damals ahnte er noch nicht, mit welchen Titeln und Ehren er sich später noch schmücken konnte.

Die Bayern waren eine ausgesprochene Pokalmannschaft geworden. Das bewiesen sie, als sie zehn Tage nach dem Europacup auch den DFB-Pokal wieder nach München holten. Im Endspiel wurde der Hamburger SV im Stuttgarter Neckarstadion mit 4:0 überfahren. Selbst Tschik Cajkovski schüttelte fassungslos und gerührt den Kopf, und er verwendete wieder einmal sein Lieblingswort: „Einmalisch", sagte er. „War jetzt 75. Spiel in Saison und alle noch so munter wie junge Hasen. Wo nehmen meine Spieler Kraft her?"

Nach so vielen Erfolgen innerhalb kurzer Frist konnte es eigentlich nicht ausbleiben, daß die Bayern in der Saison 1967/68 so etwas wie eine schöpferische Pause einlegen mußten. Der 1. FC Nürnberg errang seine neunte deutsche Meisterschaft, auf den Plätzen hinter dem Titelträger landeten Werder Bremen, Borussia Mönchengladbach, 1. FC Köln und Bayern München. Zwei Pokale hatten die Bayern zu verteidigen, wenigstens einen „Pott" wollten sie auch in dieser Spielzeit wieder gewinnen, um auf internationaler Ebene im Geschäft zu bleiben.

Doch es ging in beiden Fällen schief. Im DFB-Pokal waren die Münchner über Jahn Regensburg, MSV Duisburg und den 1. FC Nürnberg in die Vorschlußrunde vorgestoßen. Nun mußten sie beim westdeutschen Regionalligaclub VfL Bochum antreten. 42 000 Zuschauer gerieten schier aus dem Häuschen, als die müde und ausgelaugt wirkenden Bayern mit 2:1 aus dem Wettbewerb geworfen wurden.

Im Europapokal hatte alles so vielversprechend begonnen: Panathinaikos Athen, Vitoria Setubal (Portugal) und der FC Valencia konnten den FC Bayern nicht aufhalten, im Halbfinale brachte das Los die beiden Favoriten dieser

Konkurrenz, den AC Mailand und den FC Bayern, zusammen. Vor 85 000 Besuchern im ausverkauften San-Siro-Stadion stand es 50 Minuten lang 0:0.

Dann passierte es, dann fiel ein Tor für die Italiener, „das nie gegeben werden durfte und von dem ich mein Leben lang träumen werde" (so Maier). Als der Münchner Torhüter einen Ball abschlagen wollte, machte Milan-Mittelstürmer Sormani ganz einfach ein „langes" Bein – und von seiner Sohle sprang das Leder über die Torlinie. Der portugiesische Schiedsrichter Garcia sah in Sormanis Attacke kein „gefährliches Spiel" und erkannte den Treffer an. Wie Sepp Maier darauf reagierte, davon wird noch ausführlich die Rede sein.

Vierzehn Tage später erlebten 40 000 an der Grünwalder Straße ein Rückspiel von hohem Niveau und – trotz fehlender Tore – mit ungewöhnlicher Spannung. Das 0:0 bedeutete das „Aus" für die Münchner. Sie hatten auf drei Karten gesetzt, doch keine von ihnen hatte gestochen.

In bestem Einvernehmen verließ Zlatko Cajkovski nach dieser Saison den FC Bayern. Für ihn kam sein Landsmann Branko Zebec nach München. Er prägte einen neuen Stil der Mannschaft. Das Spiel der Bayern, die Verstärkung durch die Österreicher Gustl Starek und Peter Pumm bekommen hatten, war nur noch auf Erfolg ausgerichtet. Es wirkte rationeller und schmuckloser als zuvor. Die Bayern taten in den meisten Spielen nicht mehr, als unbedingt nötig war. Dennoch lagen sie vom ersten bis zum letzten Spieltag an der Spitze und gewannen den Meistertitel mit acht Punkten Vorsprung. Die Münchner hatten nur 61 Tore geschossen, also weniger als in den Jahren zuvor – aber wer fragte danach?

Sepp Maier war in 34 Spielen lediglich 31mal bezwungen worden; in der vorangegangenen Saison hatte er 27 Treffer mehr hinnehmen müssen.

Im Meisterschaftsjahr gab es einen Tag, den sich der

Bayern-Torwart im Kalender rot anstrich, und zwar den, an dem er seinen ersten Elfmeter in der Bundesliga hielt. 20 Strafstöße hatte er seit 1965 passieren lassen müssen, den 21. meisterte er endlich. Es war am 1. Februar 1969 im Heimspiel gegen Schalke 04: In der 39. Minute zeigte Schiedsrichter Schröck auf den Elfmeterpunkt, Pohlschmidt lief an, täuschte – aber Sepp flog dennoch in die richtige Ecke und hielt den Ball.

Das Spiel endete 0:0, und Sepp Maier verkündete mit stolzgeschwellter Brust: „Das war die Wende. Die nächsten 20 Elfmeter werde ich halten." Nun, das war zwar ein bißchen viel versprochen, aber schon vier Wochen später rettete der Bayern-Schlußmann seiner Mannschaft erneut ein 0:0, als er in Duisburg einen von Pavlic getretenen Elfmeter abwehren konnte.

Acht Tage nach dem Ende der Meisterschaft sicherte sich der FC Bayern das Double. Die Fußball-Fachleute wissen, was unter diesem Ausdruck zu verstehen ist: Das Double schafft, wer in einem Jahr gleichzeitig Meisterschaft und Pokal gewinnt. Das war vor den Bayern nur dem FC Schalke 04 im Jahr 1937 gelungen – und genau dieser FC Schalke 04 war der Gegner im Frankfurter Endspiel.

Mit großen Erwartungen starteten Sepp Maier und seine Mannschaftskameraden in die folgende Saison. Und gerade deshalb war die Enttäuschung groß, als beide Titel – Meisterschaft und Pokal – verlorengingen. Meister wurde erstmals Borussia Mönchengladbach, obwohl die Bayern wieder mehr Tore schossen, mehr sogar als die angriffsstarken Borussen. Im Pokal konnte man dem Los 1. FC Nürnberg erneut nicht entrinnen. Diesmal war der inzwischen in der Regionalliga spielende Club Endstation für den Favoriten. Die Nürnberger kämpften im Viertelfinale ihren klassenhöheren Gegner mit 2:1 nieder.

Vorausgegangen war eine Enttäuschung für München

im Europapokal. Das erste Gastspiel der mit vielen Vorschußlorbeeren angetretenen Bayern im Wettbewerb der Landesmeister war schon nach der ersten Runde beendet. Beim Hinspiel in München gegen Frankreichs Vertreter AS St.-Etienne versäumten es die Gastgeber, einen durchaus möglichen höheren Sieg herauszuschießen. Maier verbrachte recht ruhige eineinhalb Stunden. Um so heißer wurde der Abend des 1. Oktober 1969 für Sepp Maier beim Rückspiel in Frankreich. Nur seinen Glanztaten und der Superform von Franz Beckenbauer war es zu verdanken, daß der FC Bayern nicht noch höher als mit 0:3 unter die Räder kam. Zwei Weltklasseleute waren zu wenig – die übrigen Bayern-Spieler an diesem Tag unerklärlich schwach und nervös.

Das alles in allem unbefriedigende Abschneiden führte zu einer Maßnahme, die man bis dahin beim FC Bayern – im Gegensatz zu fast allen anderen Bundesliga-Vereinen – nicht gekannt hatte. Es gab einen vorzeitigen Trainerwechsel. Branko Zebec wurde von Udo Lattek abgelöst. Sepp Maier in seiner unkomplizierten Art kam mit dem Sportlehrer, der vorher in den Diensten des DFB gestanden hatte, allerdings genauso gut aus wie mit dessen Vorgängern.

Die „fetten Jahre" des FC Bayern, in denen vor allem die Münchner Nationalspieler zu den Großverdienern im deutschen Fußball wurden, standen erst noch bevor. Mit dem Aufstieg der Bayern zur europäischen Extraklasse wurde auch Sepp Maier, inzwischen unbestritten die Nummer eins im Tor der deutschen Nationalelf, immer besser und beständiger. Schwarze Tage des Fangkünstlers bildeten gerade in bedeutenden Spielen die seltene Ausnahme von der Regel.

Die Bayern und ihre Anhänger wurden nicht nur von Erfolgen verwöhnt, die Millionen-Elf war auch, wenn sie ihren finanziellen Standard halten oder verbessern wollte, zum Siegen verurteilt. Von 1971 an gewann der FC Bayern immer irgendeinen Titel. Zunächst holte er den DFB-Pokal. In den folgenden Jahren, von 1972 bis 1974, wurden die Münchner dreimal hintereinander Deutscher Meister – ein Hattrick, den vorher noch keine andere deutsche Mannschaft erzielt hatte. Der FC Bayern wurde außerdem 1974 als erster deutscher Club Europacupsieger der Landesmeister, und er verteidigte diesen Titel im Jahr darauf erfolgreich.

In der Saison 1970/71 gab es in der Meisterschaft einen neuen Zweikampf zwischen Borussia Mönchengladbach und Bayern München. Die beiden Spitzenreiter jagten sich, lagen abwechselnd auf Rang eins. Als die Münchner am Schluß – wie im Jahr zuvor – doch wieder nur Vizemeister geworden waren, hielten sie sich mit dem Pokal schadlos. Es war der fünfte Pokalgewinn des FC Bayern überhaupt, und schon der vierte jener Mannschaft, die seit 1965 mit ihren „Korsettstangen" Maier, Beckenbauer und Müller bestand.

Das Finale im Stuttgarter Neckarstadion – hier waren die Bayern bereits 1967 nach dem 4:0 über den HSV eine Ehrenrunde mit dieser Trophäe gelaufen – hat nicht nur Sepp Maier als hochklassiges und dramatisches Spiel in Erinnerung. Obwohl die Münchner nach einem Platzverweis von Koppenhöfer in den letzten 20 Minuten der regulären Spielzeit und in der halben Stunde der Verlängerung mit zehn Mann auskommen mußten, besiegten sie den 1. FC Köln mit 2:1. Wie selbstbewußt die Bayern geworden waren, zeigt die damalige Antwort Maiers auf die Frage, ob er nach der Dezimierung durch den Feldverweis noch mit einem Sieg gerechnet habe. „Freilich", sagte er, „ich wußte doch, daß wir konditionell stärker waren."

In der Bundesliga brach der FC Bayern einen Rekord nach dem anderen, und Sepp Maier wurde zum „Dauerbrenner" in einer Mannschaft der Superlative. Nie fehlte er in einem Punktspiel. 1971/72 blieb das Meisterschaftsrennen spannend bis zum Schluß. Erstmals in der Bundesliga-Geschichte gab es so etwas wie ein echtes „Endspiel“, weil die beiden Mannschaften, die noch für den Titel in Frage kamen, am Schlußtag aufeinandertrafen. Im ersten Fußball-Punktspiel, das im Münchner Olympiastadion ausgetragen wurde, siegte Bayern München gegen Schalke 04 überlegen mit 5:1. Die Bilanz der Bayern in der Abschlußtabelle war besser denn je: 101:38 Tore und 55:13 Punkte wurden seitdem nicht wieder erreicht.

Daß im Jahr darauf das Zuschauer-Interesse in der Bundesliga absank, war möglicherweise eine Folge des ebenso imponierenden wie langweiligen Alleingangs, zu dem der FC Bayern schon gleich nach dem Start angesetzt hatte. Noch nie stand eine Mannschaft so früh als Meister fest. Bereits am 30. von 34 Spieltagen lagen die Münchner uneinholbar an der Spitze.

Maier: „Wir hatten schließlich 54:14 Punkte und damit elf Punkte Vorsprung vor dem Zweiten, dem 1. FC Köln.“ Hervorragend war auch das Torverhältnis von 93:29. Weniger Treffer hatte in der Bundesliga nur Horst Wolter im Braunschweiger Meisterjahr 1966/67 einstecken müssen.

Günter Netzer, der auch gern beim FC Bayern gespielt hätte, urteilte seinerzeit: „Die Bayern haben die wichtigsten Posten – Torwart, Libero und Mittelstürmer – überragend besetzt. Und um Sepp Maier und Franz Beckenbauer gibt es lauter ausgezeichnete Fußballer.“

Dieses Ausnahmeteam startete als Favorit in die Saison 1973/74, und es wurde seiner Rolle vollauf gerecht, wenn auch der Vorsprung vor Borussia Mönchengladbach in der Endtabelle sehr knapp ausfiel. Die Bayern trugen es mit Humor, daß sie am letzten Spieltag am Bökelberg in Mönchengladbach mit 5:0 überfahren wurden. Sie hatten nämlich am Tag vorher das zweite Brüsseler Europacup-Endspiel gegen Atletico Madrid 4:0 gewonnen und diesen Triumph so ausgiebig gefeiert, daß einige von ihnen gar nicht ins Bett gekommen waren. Sepp Maier sprach grinsend von einem „Alkoholverdunstungsspiel".

In der ersten Hälfte der 70er Jahre war der FC Bayern in jeder Saison an einem der großen europäischen Wettbewerbe beteiligt – und bei sehr vielen Auftritten auf der internationalen Fußballbühne heimste Sepp Maier neben Franz Beckenbauer das meiste Lob ein.

Als die Münchner 1970/71 am Messepokal, dem Vorläufer des UEFA-Cups, teilnahmen, führte sie das Los gleich in der ersten Runde mit ihrem Endspielpartner von 1967, Glasgow Rangers, zusammen. Nachdem die Bayern die erste Partie in München gewonnen hatten, wurde Maier beim 1:1 vor 76 000 im Ibrox Park als „Held von Glasgow" gefeiert. Selbst von den fanatischen Rangers-Fans bekam er mehrfach stürmischen Beifall. Seine Fangsicherheit und die Souveränität von Beckenbauer waren die Garanten dafür, daß die Bayern eine Runde weiterkamen. Danach ließen sich die Münchner auch von Coventry City und von Sparta Rotterdam nicht die Butter vom Brot nehmen, ehe sie gegen den FC Liverpool ausschieden.

Szenenwechsel in der Saison 1971/72: Jetzt waren die Bayern wieder einmal Mitwirkende am Europacup der Pokalsieger. Und schon im ersten Spiel bekam Maier Gelegenheit, sich auszuzeichnen, obwohl der Gegner Skoda Pilsen nur der zweiten Liga der CSSR angehörte. „Bis auf Sepp Maier haben alle unter Form gespielt", meinte Trainer Udo Lattek nach dem 1:0-Sieg in Pilsen.

Nach einem sicheren 6:1 im Rückspiel traf man in der folgenden Runde erneut auf den FC Liverpool, mit dem man sieben Monate vorher so schlechte Erfahrungen gemacht hatte. Und wieder sprach alles gegen die Bayern. Sie mußten stark ersatzgeschwächt und mit einigen angeschlagenen Spielern auf der Insel antreten. Maier war der Turm in einer Abwehrschlacht ohne Beispiel, in der die

Gastgeber 19:1 Ecken erzielten, aber mit einem 0:0 zufrieden sein mußten. Zum erstenmal widmeten britische Zeitungen dem „Super-Sepp“ Schlagzeilen, und der „Daily Express“ schrieb: „Torhüter Maier war an diesem Abend einfach unschlagbar.“ Tatsächlich – er stand immer richtig, tauchte in die Ecken, fing und faustete im Stil eines Weltklassemannes. In der zweiten Begegnung behaupteten sich die Bayern mit 3:1, in der nächsten Runde wurde Steaua Bukarest ausgeschaltet.

Die „alten Bekannten“ von Glasgow Rangers beendeten diesmal den Bayern-Traum von einem neuen Endspiel. Die Münchner waren auf ihrem Saison-Tiefpunkt angelangt, als es nach einem 1:1 in München beim 0:2 in Glasgow eines jener wenigen Spiele gab, in denen Maier eine unglückliche Figur machte. Schon nach 45 Sekunden führten die Rangers, als Verteidiger Jardine einen scheinbar sinnlosen Schuß wagte und der Ball über den zum Standbild erstarrten Torwart zum 1:0 ins lange Eck flog. „Der Jardine wollte doch flanken, da wurde nur durch Zufall ein Torschuß draus. Ich war davon überzeugt, daß der Ball weit am Tor vorbeigeht“, verteidigte sich der mit einem dick bandagierten Oberschenkel angetretene Sepp.

Bevor die Bayern im Meister-Wettbewerb 1972/73 gegen Titelverteidiger Ajax Amsterdam k. o. gingen, wobei Maier an einem seiner schwärzesten Tage den Holländern in Amsterdam ihren 4:0-Sieg erleichterte (Rückspiel 2:1 für Bayern), hatte er auf andere Weise von sich reden gemacht. Die erste Hürde Galatasaray Istanbul hatte der deutsche Meister sicher genommen, in der zweiten war der Fußball-Zwerg Omonia Nikosia der Gegner. 9:0 lautete das Ergebnis in München. Sepp Maier, der in der ersten Spielhälfte mangels Beschäftigung gefroren hatte, wurde in den letzten Minuten übermütig. Er hielt es vor Langeweile nicht mehr aus und dribbelte mit dem Ball bis zur Mittellinie. Die hohe Schlappe hatten die Zyprioten noch mit Fassung ertragen, doch nach Maiers humoristischer Einlage verstand Omonias bulgarischer Trainer Wassili Spassow keinen Spaß mehr. „Maier wollte uns lächerlich machen. Das ist unsportliches, unqualifiziertes Benehmen", schimpfte er. Beim Rückspiel (4:0 in Augsburg) fehlte der Sepp erstmals im Europacup wegen einer leichten Knieverletzung.

Im Europapokal 1973/74 war der FC Bayern in der ersten Runde eigentlich „schon mit beiden Beinen draußen" (Trainer Lattek), als er nach einem 3:1-Erfolg zwei Wochen später im schwedischen Atvidaberg 0:3 zurücklag. Doch Uli Hoeneß schaffte mit dem 1:3 noch den Gesamt-Ausgleich, und bei dem nach der Verlängerung notwendig gewordenen Elfmeterschießen stand Sepp Maier im Mittelpunkt des Bayern-Jubels: er hielt einen Strafstoß und verhalf damit seinem Team zum Einzug ins Achtelfinale.

Der nächste Gegner hieß Dynamo Dresden. Maier mußte in diesem deutsch-deutschen Gruselkabinett zwar sechs Treffer der Sachsen hinnehmen (4:3 in München, 3:3 in Dresden), aber beim Rückspiel in der DDR wurden dennoch die „unwahrscheinlichen Reflexe" des Bayern-Keepers gelobt. „Imponierend Torwart Maier", hieß es auch nach dem Treffen in Sofia, das die Münchner gegen CSKA mit 1:2 (nach einem 4:1-Erfolg in der ersten Partie) verloren.

Bevor die Bayern dann ins Endspiel einzogen, machte Sepp Maier kein Geheimnis daraus, daß er abergläubisch ist. Er bestand darauf, daß seine Frau mit nach Budapest kam, „weil Agnes unser guter Stern ist. Wenn sie zuschaute, haben wir noch nie im Europacup verloren." Das Mittel half offenbar, die Münchner spielten gegen Ujpest Dozsa 1:1 und machten beim Rückspiel mit einem 3:0 alles klar.

Zu den absoluten Höhepunkten der Laufbahn Sepp Maiers – und aller anderen beteiligten Bayern-Spieler – zählen natürlich die beiden Finalspiele gegen Atletico in

Brüssel. Beim 1:1 in der ersten Partie war zwar vieles nicht nach Wunsch gelaufen, doch um so mehr glänzten sie im Wiederholungstreffen, das sie mit 4:0 gewannen. Das Ergebnis sagt es aus: Maier hielt fehlerlos. „So gut haben wir noch nicht oft gespielt", kommentierte der Torhüter später diese großartige Fußball-Demonstration.

Mit fünf Weltmeistern (nur Paul Breitner hatte den Verein in Richtung Madrid verlassen) startete der Europacupsieger als haushoher Bundesliga-Favorit in die Saison 1974/75. Aber es kam völlig anders, als ganz Fußball-Deutschland erwartet hatte. Die Frage: Wer soll diese Mannschaft schlagen? wurde bald ins Gegenteil verkehrt. Zeitweise fragte man sich: Gegen wen können diese Bayern eigentlich noch gewinnen? Wer weiß, ob der von Krisen geschüttelte Verein (u. a. wurde Trainer Udo Lattek durch Dettmar Cramer abgelöst) ohne einen Sepp Maier überhaupt den Abstieg hätte vermeiden können.

Aber der FC Bayern landete schließlich nicht nur auf einem sicheren Mittelplatz, sondern gewann sogar erneut den Europacup. Da war man versucht, von einem kleinen Wunder zu sprechen. Daß dieses Wunder möglich wurde, war wiederum in erster Linie Sepp Maier zu verdanken.

Schon gegen den 1. FC Magdeburg, gegen Ararat Jerewan und gegen AS St.-Etienne zählte er stets zu den Stützen der Mannschaft, an denen sich die schwächeren Spieler aufrichten konnten. Nur viermal in den sechs Treffen des Achtel-, Viertel- und Halbfinales mußte sich Maier geschlagen geben. Seine beste Vorstellung der Saison und eine der besten seiner ganzen Karriere überhaupt gab er jedoch am Abend des 28. Mai 1975 in Paris, beim 2:0 im Europacup-Endspiel gegen Leeds United. Wie er zum Beispiel beim Stand von 0:0 einen von Billy Bremner aus kurzer Entfernung abgefeuerten Schuß meisterte, das grenzte schon an Zauberei. Das war einer jener Tricks, wie sie nur der Amateurzauberer Sepp Maier beherrscht...

Sepp Maier und die Nationalelf

Über 60 Länderspiele hat Sepp Maier von 1966 bis 1975 bestritten, viel mehr als je ein deutscher Torhüter vor ihm. Bei so vielen internationalen Bewährungsproben kann vieles zur Gewohnheit, zur Routine werden. Doch Sepp Maiers Ehrgeiz ist so groß wie vor seinem ersten Länderspiel, an das er sich erinnert, als wäre es gestern gewesen. Nur mit dem Datum, da täuscht er sich. Sepp behauptet, er habe am 6. Mai 1966 sein Debüt in der Nationalelf gegeben. Aber in allen offiziellen Unterlagen ist schwarz auf weiß verzeichnet, daß zum erstenmal am 4. Mai 1966 ein Maier in der Nationalmannschaft spielte.

22 Jahre alt war Sepp Maier bei seiner Länderspiel-Premiere in Dublin. „Das war eine große Sache, zum erstenmal mit Uwe Seeler und Willi Schulz in einer Mannschaft spielen zu dürfen", schwelgt er in seinen Erinnerungen an jenen Tag. Vom FC Bayern war außer ihm Franz Beckenbauer (in seinem sechsten Länderspiel) dabei, als zweiter Debütant wirkte Jürgen Grabowski mit. Auf der Reservebank saß als zweiter Torwart Günter Bernard, der sich alle Sympathien Maiers erworben hatte, als er erklärte: „Das ist schon richtig so, der Sepp muß ja auch mal drankommen." Später, als Sepp Maier fast immer die erste Wahl im DFB-Tor war, hielt er nicht mehr viel von einer so großzügigen Einstellung, wie sie Bernard gezeigt hatte.

Ein leichtes Kribbeln in der Magengegend hatte der junge Münchner schon, wenn er an die irischen Stürmer dachte, die dafür bekannt waren, daß sie den gegnerischen

Torwart bei hartem Körpereinsatz nicht schonten. Aber nach außen hin gab er sich als strahlender Optimist. Er wollte allen beweisen, so formulierte er es hernach mit einigem Pathos, „daß ich aus dem Holz bin, aus dem Nationaltorhüter geschnitzt werden".

Die Gelegenheit dazu war nicht die allerbeste. Denn Sepp Maier bekam gegen die mit Ersatz angetretenen Iren nicht allzu viel Arbeit – trotz des großen Kampfgeistes der Gastgeber. Besonders in der ersten Halbzeit hatte er einen sehr geruhsamen Einstand. Da wurde er durch keinen einzigen ernsthaften Schuß geprüft. Nach der Pause vereitelte er eine irische Chance durch entschlossenes Herauslaufen, außerdem wurde er durch zwei Schüsse, drei Flanken („von denen ich eine verfehlte") und mehrere Rückgaben beschäftigt. Deutschland gewann 4:0 (2:0), feierte damit nach drei zum Teil klaren Niederlagen den ersten Sieg in Dublin.

Eigentlich hatte Sepp Maier dafür sorgen wollen, daß sich sein Einsatz im zweiten Spiel dieser Reise – drei Tage später in Belfast gegen Nordirland – zwangsläufig aufdrängte. Doch in diesem Spiel waren einfach zu wenig Anforderungen an ihn gestellt worden. Statistiker hatten inzwischen ausgerechnet, daß Maier der 26. Nationalspieler des FC Bayern und der 47. der Stadt München war.

Obwohl er sich nach seiner eigenen Meinung in Dublin nicht genügend auszeichnen konnte, gab es Lob für ihn. Zitat aus einem Zeitungsbericht. „Sepp Maier spielte klug mit, dirigierte seine Vorderleute und zeigte sich selbst von den körperlichen Angriffen der britischen Profis wenig beeindruckt. Der Bayern-Schlußmann ist mit dieser Leistung ein sicherer England-Fahrer."

Maier war zwei Monate später in England bei der Weltmeisterschaft wirklich dabei – aber nur als Nummer zwei hinter dem viel erfahreneren Hans Tilkowski. Auf sein zweites Länderspiel mußte er bis nach der WM warten.

Bundestrainer Helmut Schön hatte schon im Trainingslager Malente mit offenen Karten gespielt und Sepp Maier erklärt, daß im ersten WM-Spiel gegen die Schweiz Tilkowski das Tor hüten werde. Erst danach könne man weitersehen. In den folgenden Spielen, die so erfolgreich für die deutsche Mannschaft verliefen, gab es keinen Grund, den „Til" aus dem Tor zu nehmen. So blieb Maier also Ersatzmann. Doch er verkroch sich nicht in den Schmollwinkel, sondern war – zusammen mit einem anderen Spaßvogel, dem Dauer-Reservisten Max Lorenz – Hauptverantwortlicher für gute Laune im deutschen Lager.

In den WM-Spielen hatte Sepp dem Hans Tilkowski den Vortritt überlassen müssen. Aber nach dem denkwürdigen Finale in Wembley, das England in der Verlängerung mit 4:2 gegen Deutschland gewann, war er beim traditionellen Trikottausch schneller als „Til". Sepp schnappte sich von Gordon Banks, dem großartigen Torhüter der englischen Weltmeisterelf, den gelben Pullover mit den drei Löwen als Wappen darauf. Wenn er schon nicht selbst gespielt hatte, so konnte er sich nun wenigstens seinen Freunden in München stolz im Dreß eines Weltmeisters präsentieren.

In Dublin gegen Irland hatte Maier kaum glänzen können, um so mehr tat er es bei seinem zweiten Einsatz in der Nationalmannschaft am 12. Oktober 1966 in Ankara gegen die Türkei. Wieder blieb er ohne Gegentor, und nach dem 2:0-Erfolg der DFB-Vertretung erklärte der türkische Verbandspräsident: „Bester Spieler der Deutschen war ihr Torhüter." Maier kam in die Schlagzeilen auf den Sportseiten der deutschen Presse. Eine davon lautete: „Münchner Torwart rettet 2:0-Sieg in der Türkei."

Damals sammelte Agnes Maier noch Zeitungsausschnitte über ihren Mann, und in dieses „Privatarchiv" wurde auch das folgende Lob über den Sepp aufgenommen: „Maier war der große Mann der deutschen Elf. Überragend sein Stellungsspiel. Ohne seine tollkühnen Paraden hätte es in Ankara eine Katastrophe für den Vizeweltmeister Deutschland gegeben."

Maier war glücklich, daß er auch in seinem dritten Länderspiel, fünf Wochen später in Köln beim 3:0 gegen Norwegen, seine weiße Weste behielt. Der Gegner war allerdings nicht stark genug, um den deutschen Torwart vor sehr schwierige Aufgaben stellen zu können. Noch einmal gab es – im März 1967 in Hannover bei einem 1:0 gegen Bulgarien – keinen Treffer gegen Maier, der auf dem besten Weg war, sich einen Stammplatz im Nationalteam zu erobern.

In seinem fünften Länderspiel, in Belgrad gegen Jugoslawien, mußte er sich schließlich zum erstenmal geschlagen geben – und dieser eine Treffer bedeutete in dem Qualifikationstreffen um die Europameisterschaft gleich eine Niederlage. Maier ärgerte sich maßlos über das „ganz dumme Tor", aber nicht nur er hatte sich nach 90 Minuten Vorwürfe zu machen. Auch seinen Vorderleuten geriet vieles daneben. Schon im Viertelfinale dieser Europameisterschaft war die Bundesrepublik übrigens nicht mehr dabei. Entscheidend für das Ausscheiden war ein blamables 0:0 gegen Albanien in Tirana.

Sepp Maier wechselte sich in der Folge im Tor der Nationalmannschaft mit Horst Wolter ab. Als es für die Schön-Truppe darum ging, sich in sechs Spielen für die Weltmeisterschaft 1970 in Mexiko zu qualifizieren, bekam der Münchner öfter den Vorzug: Zweimal gegen Österreich (2:0 in Wien und 1:0 in Nürnberg), einmal gegen Zypern (12:0 in Essen) und einmal gegen Schottland (3:2 in Hamburg). Beim 1:1 gegen die Schotten in Glasgow hatte Wolter begonnen, doch als der Braunschweiger noch vor Halbzeit verletzt wurde, mußte Maier einspringen. In dieser spannenden Begegnung bewiesen beide deutsche Torhüter ihre große Klasse.

In den Monaten vor dem Flug nach Mexiko gab es einen

harten Konkurrenzkampf um den Posten im Tor: zwischen Sepp Maier, seinem Freund „Luffe“ Wolter und dem in dieser Zeit immer stärker in den Vordergrund gerückten Manfred Manglitz. Wieder, wie vor der WM 1966, bekam die Nationalmannschaft in Malente den letzten Schliff vor der Abreise nach Mittelamerika. Eine Bemerkung Helmut Schöns, daß Maier weiter „in der alten Position“ sei, gab dem Bayern-Torwart Auftrieb und stärkte sein Selbstvertrauen ungemein. Der Sepp hatte seinen ursprünglichen Plan, seine Frau mit nach Mexiko zu nehmen, fallen lassen müssen, denn im Hause Maier erwartete man inzwischen Nachwuchs.

Sepp Maier denkt heute noch mit Grausen an den Flug von Mexico City nach Leon, dem Austragungsort der deutschen Vorrundenspiele, in einer kleinen zweimotorigen Maschine. Und er gerät ins Schwärmen, wenn er vom Quartier der deutschen Mannschaft in Comanjilla und von der Gastfreundschaft der Mexikaner erzählt. Während des vierwöchigen Aufenthalts in Mexiko hat er das Land liebengelernt: „Der Kontakt zur Bevölkerung war einfach wunderbar.“

Beim ersten Spiel gegen den vermeintlichen Punktlieferanten Marokko gab es in brütender Hitze erst einmal eine kalte Dusche für die Deutschen in Form des gegnerischen Führungstores. „Ich blieb zwar davon überzeugt, daß wir gewinnen würden“, berichtet Sepp Maier. „Aber als am Schluß mit Müh und Not ein 2:1 zustande gekommen war, sagte jeder von uns: Wir sind noch einmal davongekommen.“

Nach dem enttäuschenden Auftakt lief es für die deutsche Mannschaft in den nächsten Begegnungen bedeutend besser. Weil Kapitän Uwe Seeler und seine Kameraden unbedingt auch im Viertelfinale in Leon spielen wollten, wo sie dank der Unterstützung durch die Fußballfans der Stadt praktisch „Heimspiele“ bestritten, mußten sie

Gruppensieger werden. Sie schafften es mit überzeugend herausgespielten Erfolgen gegen Bulgarien (5:2) und Peru (3:1).

Nun kam es in Leon gegen England zu der mit großer Spannung erwarteten Revanche für das WM-Endspiel 1966. Das deutsche Team machte einen 0:2-Rückstand (Maier: „Für mich war schon eine Welt zusammengebrochen") durch unwahrscheinlichen Kampfgeist innerhalb der regulären Spielzeit wett. In der Verlängerung des mitreißenden, harten, aber immer fairen Kampfes gelang Gerd Müller mit einem der schönsten Tore seiner Karriere das 3:2 – der Titelverteidiger war nur noch Ex-Weltmeister.

Sepp Maier hatte zeitweise Schwerarbeit verrichten müssen. Für ihn wie für alle anderen deutschen Spieler gab es an diesem 14. Juni nur uneingeschränktes Lob. Man glaubte, nach diesem Spiel könne es keine Steigerung mehr geben. Das war ein Trugschluß.

Was sich drei Tage später beim Halbfinale Italien – Deutschland im Azteken-Stadion von Mexico City abspielte, das nannte man in der internationalen Presse das „Fußball-Match des Jahrhunderts" und das „Spiel der Superlative". Nach der Hitzeschlacht gegen die Engländer mußten sich die Deutschen wieder 120 Minuten lang bis zur totalen Erschöpfung verausgaben. Wer sich auch nur ein bißchen für Fußball interessiert, kennt das Ergebnis: Die Italiener siegten 4:3, nachdem der deutsche Italien-Profi Karl-Heinz Schnellinger erst kurz vor Ende der regulären Spielzeit mit seinem Ausgleich zum 1:1 eine Verlängerung erzwungen hatte.

„Das atemberaubendste Spiel in der Fußball-Geschichte", schrieb der Pariser „France Soir". „Keine Unterhaltung kann so viel bieten", behauptete der Stockholmer „Expressen". Und die „Evening News" in London meinten: „Dieses Spiel kann vom Finale der Weltmeisterschaft nicht mehr übertroffen werden.“

Sepp Maier sagt dazu: „Jeder, der dabeisein konnte, wird diese Augenblicke nie vergessen. Nach dem Spiel, in der Kabine, konnten einige von uns die Tränen nicht zurückhalten – aus Trauer, Enttäuschung oder einfach aus Erschöpfung. Warum sollen Männer, die so eine Leistung vollbracht haben, nicht auch einmal weinen.“

Sepp Maier hatte das Gefühl, ihm sei Unrecht geschehen. Am Tag nach dem Spiel erfuhr er nämlich aus Telefongesprächen mit Freunden in Deutschland, daß ihm von einem Fernseh-Kommentator ein Teil der Tore beim 3:4 angekreidet worden war. Der Torwart beeilte sich, Helmut Schön, Sepp Herberger und Fritz Walter als Zeugen für sich zu benennen. Sie alle nahmen den Sepp in Schutz. Freilich gab nachher Sepp Maier auch zu: „Meine Spiele in Mexiko, so glaube ich, waren nicht schlecht, obwohl in einigen Begegnungen bei mir nicht alles nach Wunsch verlief. Doch wer ist frei von Fehlern?“

Nach dem Fußball-Drama gegen Italien war das Spiel um den 3. Platz fast uninteressant geworden. Deutschland hatte diesmal das Glück, das gegen die Italiener fehlte, und siegte gegen Uruguay 1:0. Maier saß auf der Reservebank. Wenigstens im letzten Spiel kam Horst Wolter einmal zum Zug.

Sepp Maier hatte seine Enttäuschung über die Niederlage im Halbfinale bald überwunden. „Mexiko war ein Erlebnis, wie ich es vorher in den kühnsten Träumen nicht erhofft hatte“, sagte er.

Nach der Weltmeisterschaft 1970 sind in der deutschen Länderspiel-Statistik nicht allzu viele Begegnungen verzeichnet, in denen Sepp Maier pausierte. Bei den Gruppenspielen zur Europameisterschaft 1972 fehlte er in keinem der sechs Treffen – und er ließ in diesen Spielen gegen die Türkei, gegen Albanien und Polen nur zwei Tore zu. Maier war natürlich auch beim Viertelfinale im Londoner

Wembley-Stadion dabei, als beim sensationellen 3:1-Erfolg über England eine Weltklasse-Elf geboren wurde. Sechs Bayern-Spieler gehörten dieser Mannschaft an – zehn Tage nachdem der FC Bayern beim 0:2 im Europacup gegen Glasgow Rangers eine klägliche Rolle gespielt hatte. Dem Berliner 0:0 im Rückspiel gegen England folgte die Einweihung des Münchner Olympiastadions mit einem eindrucksvollen 4:1 gegen die Sowjetunion.

Bei der Endrunde um die Europameisterschaft in Belgien verteilte die internationale Kritik erneut Höchstnoten an das deutsche Team, sowohl beim 2:1 gegen Belgien in Antwerpen als auch beim deutlichen 3:0 im Brüsseler Finale gegen die UdSSR. Sepp Maier war in diesen Spielen wieder die Zuverlässigkeit in Person. Er ärgerte sich nur ein bißchen über das Tor der Belgier („Auf diesem Platz in Antwerpen hätte man besser Kartoffeln anbauen können als Fußball spielen", mäkelte Maier). In dieser Partie hatte er nämlich als neuer Rekord-Nationaltorwart mit seinem 40. Länderspiel Hans Tilkowski überholt, der es auf 39 Berufungen in die Nationalelf gebracht hatte. „Und da wäre ich gerne zum 20. Mal in der Nationalmannschaft ohne Gegentor geblieben."

In Belgien verfügte Helmut Schön über eine Mannschaft, die in der Spielkunst sicherlich die Weltmeister-Elf von 1974 übertraf, in der einfach alles stimmte. „Wir sind eine Wunderelf", sagte Sepp Maier lachend.

1973 schien die Vormachtstellung des Münchners im deutschen Tor für einige Zeit durch Wolfgang Kleff gefährdet zu sein, aber je näher die WM rückte, desto mehr festigte Maier wieder seine Position. Im letzten Spiel vor dem Welt-Turnier in der Bundesrepublik feierte der Sepp ein Jubiläum: Beim 2:0 gegen Schweden in Hamburg trug er zum 50. Mal das Nationaltrikot – und er hütete das Tor ohne Fehl und Tadel.

Die erste Finalrunde der Weltmeisterschaft mit den

Spielen gegen Chile (1:0), Australien (3:0) und die DDR (0:1) bot dem Torwart der bundesdeutschen Mannschaft nur wenige Chancen, seine Fähigkeiten ins rechte Licht zu rücken. Um so nützlicher machte sich Sepp Maier in Malente, als der Lagerkoller die Stimmung trübte. Er bewährte sich wieder einmal als origineller Spaßvogel und Alleinunterhalter.

In der zweiten Finalrunde fehlte es nicht mehr an Gelegenheiten für den Torhüter, sich auszuzeichnen. Schon beim Düsseldorfer 2:0 gegen Jugoslawien legte die Abwehr mit einem fehlerlos haltenden Maier den Grundstein zum Erfolg. Und mit dem 4:2 gegen Schweden in strömendem Regen, einem der aufregendsten Spiele des ganzen Turniers, tat die deutsche Elf einen weiteren großen Schritt in Richtung München.

Dann kam die „Wasserschlacht" von Frankfurt, das 1:0 gegen Polen nach einem wolkenbruchartigen Gewitterregen. Zwei Münchner wurden zu den Helden dieses Spiels: Müller, der wieder einmal das siegbringende Tor schoß – und Maier. Ohne seine Superform wäre nicht Deutschland, sondern Polen der Gegner Hollands im Endspiel geworden. Sepp Maier hielt eine ganze Serie harter und placierter Schüsse. Zweimal wehrte er Bälle ab, die man, wären sie im Netz gelandet, ohne Zögern in die Kategorie „unhaltbar" eingereiht hätte. Der Münchner machte kein Aufhebens um seine famose Leistung: „Na ja", sagte er nach dem neuen Fußball-Krimi mit seinem schelmischen Grinsen, „das kann schon eines meiner besten Spiele gewesen sein."

Die deutschen Fußballer schwammen nach diesem schwer erkämpften Erfolg auf einer Woge des Glücks. Als die Mannschaft in einer Boeing 737 der Lufthansa auf dem Anflug nach München war, griff Sepp Maier zum Bordmikrofon. „Meine Damen und Herren, Sie betreten jetzt gleich den Freistaat Bayern. Alle Preußen werden daher zur Paßkontrolle gebeten", verkündete er. Und selbst die Preußen schmunzelten. Als die Maschine in Riem gelandet war, küßte der Sepp „seine Heimaterde".

Das Endspiel im Münchner Olympiastadion begann ganz und gar nicht nach den Vorstellungen Maiers und seiner Mannschaftskameraden. Bevor überhaupt ein deutscher Spieler den Ball berührt hatte, pfiff Schiedsrichter Taylor schon in der ersten Minute einen Foulelfmeter für das „Oranje-Team" aus den Niederlanden. Spezialist Johan Neeskens schoß den Strafstoß, wuchtete den Ball fast genau in die Tormitte. Sepp Maier hatte sich täuschen lassen, er war nach rechts gesprungen.

Doch die deutsche Mannschaft, gestützt auf eine sichere, buchstäblich bis zum Umfallen kämpfende Abwehr, ließ sich durch das frühe Führungstor der Holländer nicht von ihrer Linie abbringen. Tore von Paul Breitner, der einen Foulelfmeter verwandelte, und von Gerd Müller sorgten für den 2:1-Sieg, sicherten Deutschland den zweiten WM-Titel nach 1954. Sepp Maier parierte einige gefährliche Schüsse hervorragend, griff fast jeden Ball sicher, schaffte Luft mit weiten Abschlägen. Und als er, hart bedrängt, einmal nicht kräftig genug fausten konnte, köpfte Breitner das Leder von der Torlinie weg.

Sepp Maier wurde nach diesem Finale, das den „totalen Fußball" geboten hatte, von Experten aus aller Welt als bester Torhüter genannt. Der Mann, der in jungen Jahren als größten Wunsch äußerte, einmal in einer Weltelf aufgestellt zu werden, wurde nun in (freilich inoffiziellen) Ranglisten als Nummer eins vor dem Jugoslawen Enver Maric und dem Schweden Ronnie Hellström eingestuft. Darüber freute sich Sepp Maier fast genau so sehr wie über den Gewinn der Weltmeisterschaft.

Der Torhüter

Mitternacht war längst vorüber. Da hielt es Sepp Maier nicht mehr im Bayern-Quartier, dem Amsterdamer Esso-Motor-Hotel. Der Torwart konnte die giftigen Blicke von Präsident Wilhelm Neudecker, Manager Robert Schwan, Trainer Udo Lattek und seiner Mannschaftskameraden nicht mehr ertragen. Nur der stille Däne Johnny Hansen, einer der sympathischsten Spieler der Bundesliga, begleitete den Sepp, als er in die Nacht hinaustrat.

Es waren die bitteren Stunden nach der 0:4-Europacup-Schlappe gegen die Supermannschaft von Ajax Amsterdam am 7. März 1973.

Zwei Gegentore wurden Maier angelastet, als seine Münchner Mannschaft im Wirbel der Stars Johan Cruyff, Johan Neeskens und Piet Keizer unterging. Gleich nach dem Spiel hatte der Sepp in seiner Wut über das verpatzte Spiel seine Fußball-Utensilien aus dem Kabinenfenster des Amsterdamer Olympiastadions gefeuert.

Und nun stand der am Boden Zerstörte vor der Hoteltür in der Nähe des Flughafens Schiphol und brummelte vor sich hin. Seiner Schuld bewußt, sagte er: „Wenn die Bayern heute einen gescheiten Torwart gehabt hätten, wäre das Spiel nie verlorengegangen.“ Und der Sündenbock war nicht mehr zu bremsen: „In Normalform halte ich drei von diesen Dingern, in Superform sogar alle vier.“ Weiter: „Das war das schlechteste Spiel meiner internationalen Laufbahn. Mir stinkt er gewaltig, aber die Holländer werden sich wundern. Das Rückspiel gewinnen wir 5:0.“

Plötzlich dachte der Sepp, dem eine treue Verehrerin zum Trost eine weiße Nelke ins Knopfloch gesteckt hatte, an einen Berufswechsel. „Wenn ich etwas Anständiges gelernt hätte und 3000 Mark Monatsgehalt verdienen könnte, würde ich sofort umsatteln. Fußball-Torwart ist der undankbarste Job der Welt.

Er ist immer der letzte in einer Mannschaft. Und der letzte ist der Dumme. Ihn beißen die Hunde. Jetzt heißt es wieder: Der Sepp ist ein Depp."

Dann überkam ihn der Galgenhumor, und er nörgelte an Jaap van Praag, dem Ajax-Präsidenten, herum: „Einen Suppenteller hat er mir geschenkt. Jetzt kann ich auslöffeln, was ich mir eingebrockt habe." Nachdem er sich seinen Kummer vom Herzen geredet hatte, war der Durst riesengroß. „Ich habe heute schon so viel Mist gemacht. Da kommt es auf ein bißchen mehr nicht mehr an." Sprach's und brach zu einem feuchtfröhlichen Bummel auf.

Am Morgen auf dem Flug zurück nach München war Maier dann in Katerstimmung. Übernächtigt kauerte er in einem Flugsessel und blinzelte verlegen in die Runde. „Das war der schwärzeste Tag in meiner Laufbahn", übte er noch einmal Selbstkritik. Seinen trüben Gedanken nachhängend, kam ihm sein früherer Trainer Tschik Cajkovski in den Sinn. Und er sprach, wie einst der kugelrunde Jugoslawe nach dem 1:8 des 1. FC Köln in Dundee: „Das beste wäre, das Flugzeug würde abstürzen." Das geschah Gott sei Dank nicht. Doch nach der Landung in Riem sträubte sich der Sepp noch: „Nein, ich steige nicht aus. Ich fliege nach Amsterdam zurück."

Wieder in München, machte sein Wunsch nach einem Berufswechsel Schlagzeilen. Eine Firma reagierte sofort und gab in einer Boulevard-Zeitung folgende Anzeige auf: „Bayern-Torwart Sepp Maier zu unserem Möbel-Markt? Der Sepp wird von uns kostenlos als Möbelfachverkäufer ausgebildet, deshalb braucht er sich keine Sorgen zu machen. Die 3000 Mark Gehalt sind ihm bei uns sicher." Auch ein Wurstwaren-Großhändler meldete sich bei Maier.

Der Bayern-Torwart war gerührt, aber er hatte natürlich nie ernsthaft daran gedacht, dem Fußball untreu zu werden. „Für einen Job ohne Ball fühle ich mich noch zu jung", erklärte er zur Freude seiner schon ängstlich gewordenen Fans. Und dann kam wieder der alte Sepp zum Vorschein. „In der Anzeige steht ja gar nicht drin, ob die 3000 Mark brutto oder netto sind. Wenn, dann möchte ich das Gehalt schon auf die Hand."

Damit war dieses schlimme Kapitel für Maier abgeschlossen, und er versicherte: „Ich habe schon öfter Mist gemacht und mich doch immer wieder gefangen." Das bewies er schon zehn Tage später, als die Bayern das Bundesligaspiel beim Meisterschafts-Rivalen Borussia Mönchengladbach 3:0 gewannen. Bei diesem Sieg zählte der Sepp zu den Besten im Stadion am Bökelberg.

Er ließ sich auch nicht irre machen, als ihn Bundestrainer Helmut Schön nach dem 0:4 gegen Ajax erst einmal zappeln ließ. Auf die Frage, ob Maier bei der Weltmeisterschaft 1974 die Nummer 1 im deutschen Tor sei, antwortete Schön: „Drei Tage nach Sepps Amsterdamer Fiasko würde das provozierend und trotzig klingen." Jedenfalls verbannte der Bundestrainer den Münchner beim 3:0-Sieg über die Tschechoslowakei am 28. März 1973 in Düsseldorf auf die Reservebank.

Doch der selbstbewußte Sepp, im Nervenkrieg gegen seine Konkurrenten schon erprobt, äußerte sich nach dem Schlußpfiff wie folgt über Bernd Franke, der für ihn im Tor stand: „Das hat man doch erwarten können, daß der Franke keinen Fehler macht. Vor so einem Spiel schon. Der CSSR-Angriff war kein Sturm, sondern ein Winderl. Franke hatte doch fast nichts zu halten."

Auch den Einwand, daß der Braunschweiger seine Sache recht ordentlich gemacht habe, tat Maier ab: „Na und?

Und außerdem: Ich habe keine Angst um meinen Stammplatz."

Sechs Monate später wurde dem Sepp dann doch ein bißchen bange. Ein Länderspiel gegen die Sowjetunion in Moskau stand auf dem Plan. Und Maier war wieder nur die Nummer 2, diesmal hinter dem Mönchengladbacher Wolfgang Kleff.

Dieses Länderspiel wurde dem Bayern-Torwart von Anfang an vermiest. Er wollte seine Frau Agnes in der Chartermaschine des Deutschen Fußball-Bundes in die sowjetische Hauptstadt mitfliegen lassen, doch ein Sekretär aus der Frankfurter DFB-Zentrale schrieb ihm, daß für Frau Maier kein Platz vorhanden sei. Nur verdiente Leute könnten mitgenommen werden.

Kein Wunder, daß der Sepp kochte, als er während des Fluges diese „verdienten Leute" sah. Das war ein großes Kamera-Team, das Aufnahmen für Franz Beckenbauers „Libero"-Film drehte. Außerdem Freunde eines Starnberger Wurstfabrikanten, bei dem der Bundestrainer regelmäßig seinen Urlaub verbringt. Und vor dem Abflug in Frankfurt hatte ihm Schön noch einen Tiefschlag versetzt: „Ich habe ein Paket Briefe zu Hause, in dem Fußballfreunde aus allen Teilen Deutschlands deine Ablösung fordern."

Das böse Ende für Maier kam aber erst drei Tage nach dem Länderspiel, das die deutsche Mannschaft 1:0 gewann. Die Bayern mußten in der Bundesliga zum FC Schalke 04. Das Spiel endete mit dem kuriosen Ergebnis von 5:5, und der Sepp hatte nicht seinen besten Tag. Doch die Mitspieler, die ihn bei ähnlichen Anlässen schon „Prämienklau" oder „Fliegenfänger" geschimpft hatten, sagten diesmal kein schlimmes Wort. Mannschaftskapitän Beckenbauer hatte schon böse Vorahnungen gehabt:

„Ich hatte ein schlechtes Gefühl, als ich die Berichte aus Moskau las. Da wurde der Kleff als überragender Mann gefeiert, der durch eine Superleistung den Sieg gerettet hätte. Die Lobeshymnen waren aber maßlos übertrieben, und der Sepp mußte dahinter Methode gesehen haben."

Deshalb hielten seine Bayern-Kameraden nach der Schalker Pleite zu Maier, der seine Nervenkrise dann auch bald überwunden hatte. Wenige Tage später rüffelte er seine Kritiker: „Wer mich für die Weltmeisterschaft 1974 abschreibt, der ist ein Depp."

Ein Europacup-Spiel, an das sich der Sepp nicht so gern erinnert, war auch die Halbfinal-Begegnung im Wettbewerb der Pokalsieger zwischen dem AC Mailand und dem FC Bayern am 1. Mai 1968. Dem Hexenkessel des San-Siro-Stadions war der damals 24jährige noch nicht gewachsen. „Früher schwankte Maier in seinen Leistungen zwischen Welt- und Kreisklasse", schrieb noch Jahre später ein Reporter in Erinnerung an dieses Spiel.

An jenem ersten Maitag jedenfalls ritt den Sepp wieder einmal der Teufel. Der für Mailand stürmende Brasilianer Sormani hatte den Bayern-Torwart im Strafraum angegriffen. Maier reagierte gereizt und wollte Sormani den Ball beim Abschlag haarscharf am Kopf vorbeischießen. Doch Sormani streckte den Fuß heraus, und der Ball prallte ins Bayern-Tor. Das war in der 50. Spielminute, und der portugiesische Schiedsrichter Garcia entschied auf 1:0 für Mailand. Der Sepp wollte es nicht glauben, und hätten sich ihm nicht seine Mannschaftskameraden in den Weg gestellt, wäre er dem Schiedsrichter an die Gurgel gefahren. Dafür warf er dann in der Kabine Teetassen an die Wand und zertrümmerte eine Thermosflasche.

Die Bayern mußten noch einen zweiten Treffer einstekken, doch nach dem Spiel drehte sich die erregte Diskussion nur um dieses verflixte erste Tor. Franz Beckenbauer schimpfte: „So etwas ist nur in Mailand möglich, daß der Schiedsrichter ein Tor anerkennt, das einwandfrei regelwidrig war. Nicht allein das gestreckte Bein von Sormani beim Torschuß, sondern schon der Kopfball eines Italieners, bei dem Maier eingreifen wollte, war Foul." Der Sepp selbst sprudelte wütend heraus: „Sormani hat mir das Bein lebensgefährlich entgegengestreckt."

Die Italiener wiederum verteidigten den Schiedsrichter. So sagte Mailand-Trainer Nereo Rocco: „Das war ein klarer Blödsinn von Sepp Maier." Milan-Rechtsaußen Kurt Hamrin, ein Schwede, ergänzte: „Vor und nach diesem Tor war Maier große Klasse. Aber in diesem Augenblick hat er versagt." Der Deutsche Karl-Heinz Schnellinger, damals Libero beim AC Mailand, gab nachträglich den Rat: „Sepp hätte den Ball mit der Hand aus der Gefahrenzone werfen müssen." Der Gescholtene war schließlich so zerknirscht, daß er auf den Heimflug mit der Mannschaft verzichtete. Er stellte sich lieber einem in Mailand bei einem Treppensturz verletzten Münchner Journalisten als Chauffeur für die Heimreise zur Verfügung.

In München angekommen, mußte der Sepp in der „Sport-Illustrierten" lesen: „Das Tor war korrekt." Das fuchste ihn so, daß er sich hinsetzte und mit der Hand einen Leserbrief schrieb. Hier der Original-Maier:

„Sehr geehrte Herren! Ich habe mit großem Interesse Ihren Bericht über das 1. Tor in Mailand gelesen und muß Ihnen folgendes mitteilen. Dieses Bild, was Ihr ausgezeichneter Fotoreporter im Sansiro Stadion schoß, beweist überhaupt nichts, denn der Ball ist zwar in der Luft, aber bis zum Abschlag sind es mindestens noch eine Sekunde, daß es ein gestrecktes Bein war, daran zweifelt wohl niemand, außer Ihrer Illustrierten. Oder vielleicht könnten Sie mir bitte sagen, wie ich in dieser Situation wie das Bild zeigt, Sormani den Ball unten an die Sohle schießen kann, folge dessen fehlen auf Ihrem Starfoto die zehntel Sekunden, die das Foul von Sormani beweisen. Oder bilden Sie sich vielleicht ein, ich sei ein Lügner, oder Märchenerzähler der die Sache mit dem gestreckten Bein erfunden hat, es ist nur Schade, daß es kein Fernsehen, und nicht einmal alle 80 000 Zuschauer im Stadion gesehen haben.

Zum Abschluß noch der beste Beweis. Als die Mailänder in München durch das 0:0 das Endspiel erreicht hatten, ging ich zu den Italienern um Ihnen zu gratulieren, da trat mir Karl-Heinz Schnellinger mit Sormani entgegen. Schnellinger übersetzte für Sormani folgendes. Es täte Ihm leid, daß er mit gestrecktem oder drübergehaltenem Bein das Tor erzielte, ich sollte es doch bitte vergessen. Ich sagte darauf es war zwar nicht schön von Ihm aber bei diesem schwachen Schiedsrichter hätte er sich so etwas schon erlauben können, er lächelte und ich verabschiedete mich darauf, mit dem Gedanken doch ein ausgezeichneter Sportsmann der Sormani, denn welch ein Spieler der Welt, würde nach einem Foul, da darauf hin ein Tor fällt, zum Schiedsrichter laufen und sagen, ich habe mit unsauberen Mitteln, das alles entscheidende Tor geschossen, der wäre ja wohl dumm oder?

Ich hoffe sehr, daß Sie die Zeilen zur Kentniss nehmen. Ich will mich bei diesem Schreiben nicht entschuldigen, sondern nur die Tatsachen berichten. Mit sportlichen Grüßen Sepp Maier."

Soweit der Sepp, der auch in jüngeren Jahren schon sofort und impulsiv reagierte, wenn er meinte, daß ihm Unrecht geschehen sei.

Das war im Frühjahr 1972 ebenso, als die Bayern wichtige Spiele in Glasgow, Duisburg und Köln eindeutig verloren. Die Feldspieler erkoren sofort den Torwart zum Schuldigen und nannten ihn „müde alte Kuh". Das war dem Sepp zuviel, der theatralisch erklärte: „Wenn ich wieder auf die Welt kommen sollte, werde ich nicht mehr Torhüter." Eines Abends rief er kurzentschlossen seinen Vereinspräsidenten Wilhelm Neudecker in dessen Haus im oberbayerischen Bad Wiessee an und sagte dem überraschten Millionär: „Ich halte es in dieser Mannschaft nicht mehr aus. Geben Sie mich doch bitte frei."

Es nahte das wichtige Europameisterschaftsspiel gegen den Fußball-Erzfeind England am 29. April im Londoner Wembley-Stadion. Viele Kritiker bestürmten den Bundestrainer, Maier fallenzulassen. Aber Schön ließ diesmal trotz der Bayern-Krise nichts auf den Sepp kommen und schenkte ihm sein Vertrauen. Der Bundestrainer wurde nicht enttäuscht. Die deutsche Mannschaft gewann nach traumhaft schönem Spiel 3:1, und die englische Presse ernannte den überragenden Maier zum Super-Sepp.

Dabei war der Bayern-Torwart einen Tag vor dem Spiel noch verzweifelt gewesen. Als er morgens aufwachte, litt er unter großen Schmerzen. Der linke Ellenbogen war dick angeschwollen. Der damalige Mannschaftsarzt Professor Hanns Schoberth und Masseur Erich Deuser stellten eine Schleimbeutelentzündung fest.

Doch der Sepp wollte unbedingt spielen, seine letzten schwachen Leistungen in der Bayern-Mannschaft vergessen machen. Er bestürmte die beiden Medizinmänner, dem Bundestrainer nichts von seiner Verletzung zu sagen. Schoberth und Deuser machten mit. Sie erklärten Maiers Schleimbeutelentzündung zur geheimen Kommandosache. Nur Ersatztorhüter Kleff wurde noch eingeweiht und zur Verschwiegenheit vergattert.

Damit Schön und die Mannschaftskameraden beim Abschlußtraining nichts merkten, zog sich der Sepp einen extra dicken Pullover an. Die entzündete Stelle am Ellenbogen wurde mit einem Schaumstoffpolster bedeckt, das zur Kühlung mit reinem Alkohol getränkt war. Beim Training kam kein Beobachter auf den Gedanken, daß der sich lustig wie eh und je gebende Torwart vor Schmerzen manchmal schreien wollte. Maier biß eisern auf die Zähne, aber die Nacht vor dem Spiel wurde noch schlimmer. Erzählte der Sepp: „Ich konnte kaum schlafen, so weh tat mir der Ellenbogen. Ich dachte, jetzt ist alles aus. Ich werde, wie 1966 bei der Weltmeisterschaft, Wembley wieder nur auf der Reservebank erleben.“

Drei Stunden vor dem Anpfiff gaben Schoberth und Deuser doch grünes Licht für seinen Einsatz. „Du kannst spielen“, erklärten sie dem aufatmenden Sepp. Und hinterher schrieben die Zeitungen: „Das Geheimnis von Wembley. Maier war verletzt – das wußte nicht einmal Schön.“ Mit dick verpacktem linken Ellenbogen lieferte der Sepp eines seiner besten Spiele.

„Nachdem die Mediziner nichts mehr gegen meine Aufstellung einzuwenden hatten, war ich die Ruhe selbst. Ich fühlte mich in bester Form. Gleich nach dem ersten Schuß auf mein Tor wußte ich: Heute passiert mir nichts. Für mich kam dieses Spiel gerade zur rechten Zeit. Der Streß beim FC Bayern ist mir doch ziemlich nahegegangen. Aber jetzt weiß ich, daß es mit mir und meiner Vereinsmannschaft bestimmt wieder aufwärts geht.“ Seine Frau Agnes hatte, ebenfalls ahnungslos, auf der Tribüne mitgebibbert. „Ich wußte ja nichts von Sepps Verletzung. Sonst wäre es mir bestimmt noch schlimmer ergangen. Aber auch so bekam ich in der Pause richtige Magenkrämpfe. So nervös war ich.“

Die Superleistung stimmte den Sepp versöhnlich. Hatte er vor dem Länderspiel noch im Aktuellen Sportstudio des Zweiten Deutschen Fernsehens getönt: „Ich verlasse den FC Bayern nach dieser Saison“, so meinte er nun: „Mir gefällt es beim FC Bayern, auch wenn wir uns einmal streiten. Wir sind doch eine saubere Mannschaft. Ich muß mich mit Präsident Neudecker zusammensetzen. Dann wird sich entscheiden, ob ich bleibe.“

Der Sepp blieb, und er bekannte nach der Einigung: „Ich bin froh, daß es so gekommen ist. Denn genaugenommen wollte ich nie gerne aus München weg.“

Der knauserige Neudecker aber fühlte sich übers Ohr gehauen und räsonierte: „Zuerst mußte ich annehmen, daß rein persönliche Gründe für Maiers Ersuchen um vorzeitige Vertragslösung ausschlaggebend waren. Inzwischen weiß ich jedoch, daß es auch dem Sepp nur ums Geld ging."

Dazu muß man wissen, daß der Torwart damals in der Gehaltsliste der Bayern-Stars an sechster Stelle stand, obwohl er doch rangmäßig hinter Franz Beckenbauer und Gerd Müller den dritten Platz einnahm.

Das war aber auch das einzige Mal, daß der Sepp die Bayern verlassen wollte. Danach wurde ein bis zum 30. Juni 1979 gültiger Vertrag geschlossen. Und wer den Sepp kennt, der hält es für gar nicht ausgeschlossen, daß er den Kontrakt danach noch einmal verlängert. So wettet denn Sepp Maier auch mit jedem, daß er 1978 bei der Weltmeisterschaft in Argentinien wieder im Tor der deutschen Nationalmannschaft stehen werde. Und im Sommer 1975 gab er als sein letztes großes sportliches Ziel an: „Teilnahme an der Weltmeisterschaft 1982 in Spanien." 1982 wäre der Maier Sepp 38 Jahre alt.

Andere Torleute läßt der vor Ehrgeiz berstende Maier neben sich nicht gelten. In der Nationalmannschaft nicht und beim FC Bayern München schon gar nicht. Da gab es zu Regionalliga-Zeiten bei den Bayern den Fritz Kosar. Genauso talentiert wie der Sepp, aber viel zu still und ohne die Leidenschaft, die ein Torwart braucht, um ganz nach oben zu steigen. Jedenfalls wurde Kosar bald ins zweite Glied verdrängt, und was nach ihm kam, hatte erst recht keine Chance gegen Maier. Sagt der Sepp selbstbewußt: „Ein Torhüter, der zum FC Bayern kommt, hat es schwer. Er weiß, daß er nur zweite Wahl ist. Deshalb darf er nicht vergessen, nach dem dritten Lehrjahr abzuhauen."

In der Nationalmannschaft waren die Konkurrenten schon aus anderem Holz geschnitzt. Dennoch konnte auch in diesem exklusiven Kreis keiner Maier den Rang ablaufen. Stolz blickte der Sepp vor seinem 60. Länderspiel, das am 12. März 1975 im Londoner Wembley-Stadion gegen

England 0:2 verlorenging, zurück: „Neun Jahre bin ich jetzt in der Nationalmannschaft dabei. Und wer wollte mir in dieser Zeit nicht alles meinen Platz streitig machen. Horst Wolter, Manfred Manglitz, Wolfgang Kleff, Volkmar Groß und einige andere, deren Namen kaum einer mehr kennt. Aber ich habe sie alle überlebt."

Und was ist sein Erfolgsgeheimnis?

„Talent allein genügt nicht. Fanatischer Ehrgeiz und Durchsetzungsvermögen sind mindestens ebenso wichtig. Ich habe mir immer gesagt: Ich bin die Nummer 1. Dazu kommt viel harte Arbeit. Ich trainiere täglich zwei Stunden wie ein Wilder. Das war nicht immer so. Früher habe ich nach einem guten Spiel das Training meist schleifen lassen und erhielt dann prompt die Quittung in Form von Gegentoren präsentiert. Jetzt bin ich ruhiger, ausgeglichener und reifer, doch der Ehrgeiz ist fast noch größer. Ich gebe das Tor meinen jüngeren Rivalen nicht kampflos frei. Ich bin wie guter Whisky. Je älter, desto besser."

Nur zwei Torhüter werden von Maier als gleichwertig anerkannt. Und die sind beide nicht mehr aktiv: der Russe Lew Jaschin, 15 Jahre älter als der Sepp, und der zehn Jahre ältere Jugoslawe Petar Radenkovic. Urteilte die französische Fachzeitschrift „L'Equipe" vor dem Europacup-Finale 1975, das die Bayern am 28. Mai im Pariser Prinzenparkstadion 2:0 gegen Leeds United gewannen: „Innerhalb eines Jahres ist Maier zum weltbesten Torhüter geworden. Er ist ein wahrer Nachfolger des großen Lew Jaschin, dem er auch im Stil und in der Figur ähnelt."

Sepp Maier, 1,83 Meter groß und 77 Kilogramm schwer, knochig, hager, eckig, mit leicht gekrümmtem Rücken, sagt dazu: „Ja, es stimmt. Lew Jaschin war immer mein Vorbild. Jetzt spielt er nicht mehr, und ich halte seinen Stil am Leben."

Über Lew Jaschin schrieb die Presse bei der Weltmeisterschaft 1966 in England (damals war der Russe 37 Jahre alt): „Jaschins lange magische Arme machten jede Hoffnung zunichte.“ Wie Maier ist er gelernter Schlosser. Als Torwart entdeckt wurde er bei einem Turnier der Moskauer Maschinenfabrik „Roter Oktober“. Der Trainer von Dynamo Moskau, Arkadij Tschernyschew, der später auch mit der sowjetischen Eishockey-Nationalmannschaft Erfolg hatte, wurde auf den storchenbeinigen „Löwen“ aufmerksam. Durch eisernes, systematisches Training wurde der 1,84 Meter große und 82 Kilogramm schwere Mann aus Moskau zum „großen Jaschin“.

Der Russe kreierte einen neuen Torwart-Stil. Jaschin klebte nicht mehr an der Torlinie, er sah den ganzen Strafraum als sein Reich an. In dem Copress-Buch „Die Großen im Tor“ begeisterte sich der sowjetische Fußball-Journalist Igor Iwanow: „Nun wurde aus dem passiven, tatenlos abwartenden Torwart, aus der letzten Instanz, ein sehr aktiver und nützlicher zusätzlicher Feldspieler, oft sogar der Initiator überraschender, wirkungsvoller Gegenzüge. Jaschin brachte alle Voraussetzungen für dieses Spiel mit: die Statur, Schnelligkeit, Entschlossenheit und Kaltblütigkeit, den Blick dafür, was mit dem Ball in der nächsten Zehntelsekunde zu geschehen habe, und schließlich die Fähigkeit, auf jede plötzliche Änderung der Situation blitzschnell zu reagieren. Und noch etwas sehr Wichtiges: Er beherrschte den Ball mit beiden Füßen.“

So hielt sich Jaschin, voller Respekt auch „schwarzer Polyp“ genannt, länger an der Weltspitze als jeder andere. Er war schon über 40 Jahre alt, da hütete er noch das Tor seines Vereins Dynamo Moskau. Heute ist er Trainer-Assistent bei Dynamo und hofft darauf, einen neuen Jaschin in Moskau zu entdecken. Doch bis jetzt hatte er noch kein Glück.

Einen ganz anderen Einfluß als Jaschin nahm Petar „Radi“ Radenkovic auf Maier. Der „Radi“, das ist das bayerische Wort für Rettich, war in München als Torwart des TSV 1860 direkter Rivale vom Sepp. Den Jugoslawen liebte das Münchner Fußballvolk. Auch als Maier deutscher National-Torhüter wurde, blieb er in der bayerischen Landeshauptstadt immer noch die Nummer 2. Der „Radi" war einfach populärer. Das wurmte den Sepp, natürlich, und seine Freunde. Einer textete das Radenkovic-Lied „Bin i Radi, bin i König" eigenhändig um in: „Bin i Radi, bin i Depp, König ist der Maier Sepp."

Daß Radenkovic in der Gunst der Massen vorne lag, hatte er seinem eigenwilligen, noch nie dagewesenen Auftreten auf dem Fußballfeld zu verdanken. „Radi" machte das Torwart-Spiel zur Show. Er begnügte sich nicht wie Jaschin damit, nur im Strafraum mitzuspielen. Der hünenhafte Jugoslawe machte mit dem Ball Ausflüge bis in die Spielhälfte des Gegners. Damit verwirrte er aber nicht nur den Gegner, sondern auch die eigene Mannschaft, die ihr Tor plötzlich leer fand. Aber das Publikum jauchzte und bedachte Radenkovic mit Ovationen.

Der „Radi" war jedoch mehr als nur ein Torwart-Clown. Er reagierte so blitzschnell, daß sich die gegnerischen Stürmer fürchteten, wenn sie vor seinem Tor auftauchten. Sogar der unerschrockene Uwe Seeler bekannte: „Breitet er die Arme aus, dann glaubt man, es ist überhaupt kein Platz mehr für den Ball im Tor." So wehrte Radenkovic, der heute ein erfolgreicher Geschäftsmann ist, mehr Elfmeter-Bälle ab als jeder andere Keeper. Eine von Maiers Schwächen in seinen frühen Jahren aber war, daß er kaum einen Elfmeter meistern konnte. Doch das ist nun auch vorbei. Freute sich der Sepp, als der routinierte Bremer Werder-Kicker Rudi Assauer einen Elfmeter-Ball neben sein Tor trat: „Die Spieler der gegnerischen Mannschaften haben jetzt Angst vor mir wie früher vor dem Radi."

Maier fühlt sich auch als Radenkovic-Nachfolger und gibt zu: „Vom Radi habe ich ebenfalls viel gelernt."

Ist er als Torwart auch unangefochten, so hat sich der

Sepp längst damit abgefunden, daß er in seinem Verein nie die Nummer 1 werden kann. Fußball-Kaiser Franz Bekkenbauer wird von ihm ohne Neid als größere Autorität anerkannt. Vorbei ist die Zeit, in der die beiden Bayern-Stars sich wegen irgendwelcher Mißverständnisse auf dem Spielfeld vor aller Öffentlichkeit in die Haare gerieten. Dann fauchte der Franz den Sepp an, und der giftete schlagfertig zurück. Es kam oft vor, daß Beckenbauer nach einem vermeintlichen Maier-Fehler lamentierte: „Soll ich mich vielleicht auch noch ins Tor stellen?" Oder er rügte die Tennis-Leidenschaft seines Torhüters: „Wenn der Sepp nicht so viel Tennis spielen würde, wäre er der beste Torwart, den es überhaupt gibt." Konterte Maier damals: „Das Tennisspielen erzieht zur Konzentration."

Inzwischen hat der Franz das Mosern eingestellt, denn er weiß, daß er sich keinen besseren Spieler als den Sepp hinter seinem Rücken wünschen kann. So lobt er ihn auch jetzt: „Sepp ist der beste Torwart der Welt. Es gibt keinen, der den Strafraum so beherrscht wie er. Ich wünsche ihm und mir, daß er noch viele Jahre für den FC Bayern spielt." Und Maier versprach Beckenbauer schmunzelnd: „Ich höre erst auf, wenn du und der Gerd Müller mich beim Einlaufen auf das Spielfeld stützen müßt."

Der Sepp wiederum ließ sich auch in der Krisen-Saison 1974/75 nicht durch kaiserliche Eigentore aus seiner königlich-bayerischen Ruhe bringen. Als Beckenbauer den Ball wieder einmal ins eigene Tor geschossen hatte, witzelte Maier nur: „Wir müssen jetzt eigens für den Franz einen Sonderbewacher in unsere Mannschaft nehmen. Der muß ihn dann immer beim Schuß auf mein Tor stoppen. Aber sagt dem Franz nur nicht, daß ich ihn kritisiert habe. Sonst schimpft er mich zum Schluß noch und macht mich für seine Eigentore verantwortlich."

Fragt man Sepp Maier, wer die drei besten Trainer Deutschlands seien, dann antwortet er: „Dettmar Cramer

Zerstreuung zwischen den Spielen der Vorrunde

WM 1974

Weltmeisterschaft 1974

Schwarze Stunde in Hamburg: 1:0 durch Sparwasser – die Bundesrepublik verliert gegen die DDR.

Kämpfer Maier gegen Polens Lato. Die DFB-Elf gewinnt in Frankfurt und hat das Finale erreicht.

Weltmeisterschaft 1974

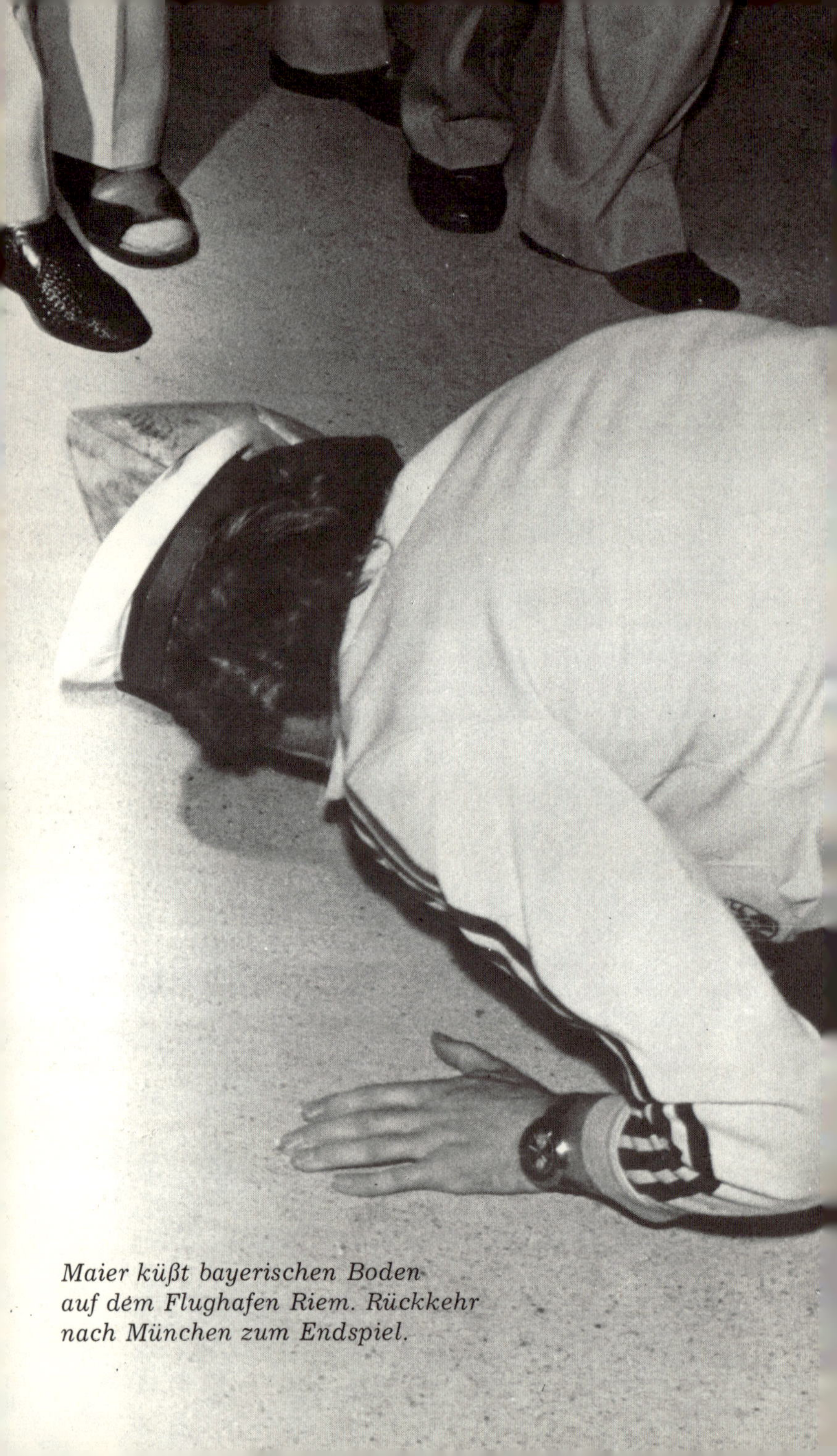

Maier küßt bayerischen Boden auf dem Flughafen Riem. Rückkehr nach München zum Endspiel.

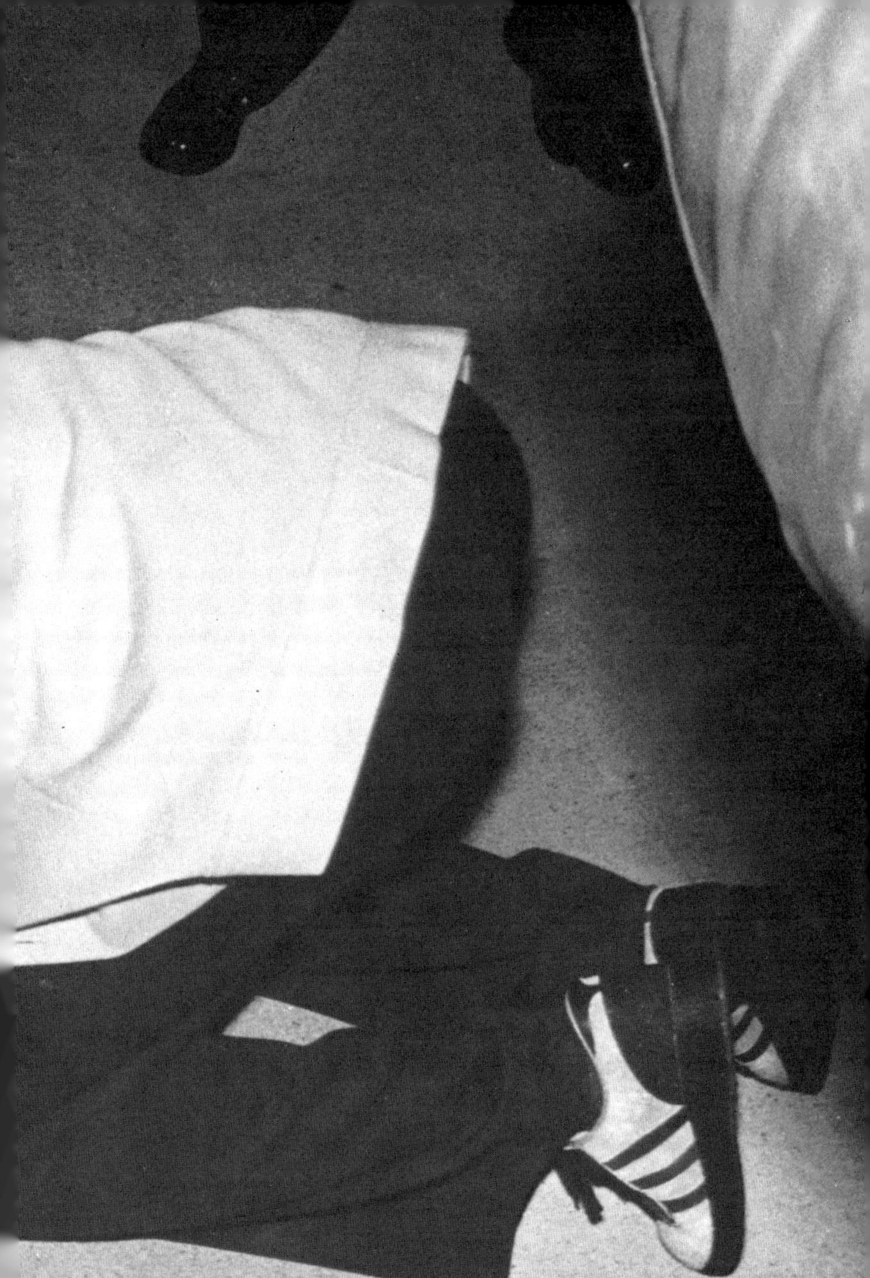

Weltmeisterschaft 1974

auf jeden Fall, dann Udo Lattek und Branko Zebec." Und was halten nun diese Trainer von Super-Sepp? Der nüchterne, jeglicher Show abholde Jugoslawe Zebec kam 1968 zum FC Bayern und löste dort seinen quirligen, temperamentvollen Landsmann Tschik („Stummelchen") Cajkovski ab, der von den Spielern zuletzt nicht mehr für voll genommen wurde. Maier zu Spanferkel-Freund Cajkovski: „Sie sind ein großer Fresser." Darauf der kugelrunde Tschik hilflos: „Seppl, Sie auch."

Unter Zebec wehte bei den Bayern plötzlich ein anderer Wind. Es wurde systematisch trainiert, und 1969 gab es den Lohn der Trainingsfron in Form des Doubles: Die Bayern wurden Meister und Pokalsieger.

Zebec hielt schon damals große Stücke auf den Sepp. „Ich hatte ihn während seiner ganzen Karriere im Auge. Von der Regionalliga über die Aufstiegsspiele bis in die Bundesliga. Schon der junge Maier hatte alles, was einen guten Torwart auszeichnet: Elastizität, Sprungkraft, Beherrschung des Strafraums. Der Maier, den wir heute haben, wurde im Laufe der Jahre ein anderer, und zwar ein noch besserer. Der Sepp ist so reif wie kaum ein anderer Torwart. Vielleicht nur mit Lew Jaschin zu vergleichen. Maier macht nichts Überflüssiges mehr, er arbeitet rationell. Sein Stellungsspiel, seine Technik beim Fangen und Fausten und die Berechnung des Balles sind kaum zu übertreffen. Mit wenigen Worten: Sepp ist ein Computer im Tor geworden."

Zebec sieht Maier aber noch größer werden. „Seine Entwicklung ist noch nicht zu Ende, er hat den Höhepunkt seiner Laufbahn noch nicht erreicht. Bei seinem Ehrgeiz und seinem starken Willen stecken noch viele bisher verborgene Fähigkeiten in ihm. Aber schon heute ist er der zuverlässigste Torwart der Welt."

Der ehemalige Studienrat Lattek, der 1970 mitten während der Saison Zebec ablöste und fünf Jahre später selbst

Sieger Maier. Der Torhüter der Weltmeisterelf mit der massiv goldenen WM-Trophäe.

gefeuert wurde, ist bei Bayern-Größen wie Präsident Neudecker, Manager Schwan oder Mannschaftskapitän Beckenbauer heute nicht mehr gut gelitten. Doch der Sepp läßt auf seinen einstigen Tennis-Partner Lattek nichts kommen. Und auch der bei Borussia Mönchengladbach untergekommene Trainer erinnert sich gern an die Zusammenarbeit mit dem Torwart:

„Wir hatten nie Auseinandersetzungen. Und wenn der Sepp hin und wieder einmal einen Fehler machte, dann war das doch nur menschlich. Daß er jetzt sogar fast makellos hält, liegt darin begründet, daß er auf gesunden wirtschaftlichen Füßen steht. Nachdem er weiß, daß seine Zukunft mit seiner glänzend florierenden Tennis-Anlage gesichert ist, wurde er auch auf dem Fußballfeld viel ruhiger und selbstbewußter. Er zählt für mich zu den besten Torleuten der Welt. Vielleicht ist er der beste, aber da bin ich vorsichtig, weil ich die südamerikanische Fußball-Szene ja nicht so überblicken kann. Auf jeden Fall ist der Sepp einmalig, mit niemandem zu vergleichen. Als Dirigent der Abwehr ist Maier hervorragend, und er ist einer der ganz wenigen Torleute, die Flanken ohne Mühe abfangen können. An ihm kann sich eine Mannschaft aufrichten."

Daß Maier mit dem jetzigen Bayern-Trainer Cramer so gut auskommt, mutet auf den ersten Blick seltsam an. Da ist der lange, schlagfertige Torwart aus dem Volk, ein Mann mit Witz, aber ohne Antenne für wohlgetönte Redensarten. Und dann der 20 Zentimeter kleinere Fußball-Gelehrte Cramer, der Fußball als Wissenschaft betrachtet, stets mit ernster Miene über sein Metier doziert und von sich behauptet: „Wenn ich lache, gehe ich in den Keller." Für den intellektuellen Dettmar Cramer ging der volkstümliche Sepp als einziger Bayern-Star auf die Barrikaden, als Präsident Neudecker und Manager Schwan im Frühjahr 1975 unbedingt den Peitschenknaller Max

Merkel als neuen Trainer verpflichten wollten.

Mischte sich der Angestellte Maier in die Debatte ein: „Wenn der Merkel zu uns kommt, höre ich auf. Wir haben doch einen ausgezeichneten Trainer. Wir brauchen keinen Sprücheklopfer. Härter als wir unter Cramer arbeiten, ist gar nicht möglich. Außerdem hat mir überhaupt nicht gefallen, daß der Merkel bei den Sechzigern das Handtuch warf, als er am dringendsten benötigt wurde. Und man muß ja nicht unbedingt einen Trainer verpflichten, der den FC Bayern und seine Spieler jahrelang öffentlich beschimpft hat."

Der Einspruch des Torhüters und die Proteste vieler Mitglieder hatten Erfolg. Merkel blitzte ab und revanchierte sich an Maier: „In jeder Mannschaft gibt es zwei Verrückte. Den Linksaußen und den Torwart." Aber der Sepp zahlte es ihm zurück: „Ich kenne auch viele Trainer, die eine Macke haben."

Cramer zählt er nicht dazu, auch wenn er seinen kleinen Trainer bei allem Respekt durchaus komisch findet. Als die Bayern in der armenischen Hauptstadt Jerewan um den Europacup spielten, erfand Maier für Cramer den Spitznamen „Laufender Meter". Und manchmal witzelt er auch: „ Wir müssen den Rasen auf unserem Trainingsplatz an der Säbener Straße in München jetzt öfter mähen, damit unser Trainer nicht verlorengeht."

Aber er meint das nie böse. Das hat auch Cramer längst erkannt: „Der Sepp ist sensibel und kein Kraft-Maier. Seine Späße sind niemals verletzend. Er ist schlicht ein guter Mensch, hilfsbereit und verläßlich."

Wenn er von Maier spricht, gerät der sonst so trockene Bayern-Trainer ins Schwärmen: „Haben Sie jemals einen besseren Torhüter gesehen? Ich habe mit Jaschin trainiert, als ich noch beim Welt-Fußballverband FIFA arbeitete. Aber Maier ist besser. Es gibt zur Zeit keinen besseren Torhüter auf der Welt." Worauf der so Gelobte Cramer frotzelte: „Na und. Das weiß ich schon lange. Mich wundert höchstens, daß unser Trainer erst jetzt dahintergekommen ist."

Warum Maier sogar im Jahr der Bayern-Krise in Superform war, begründet Cramer so: „Ein Klassetorwart benötigt Talent. Entweder man hat es, oder man hat es nicht. Der Sepp hat es. Bei Torhütern ist auch der Reifeprozeß wichtig. Er ist ein reifer Mann geworden. Und dann das Training. Torhüter sind Individualisten und Spezialisten. Sie brauchen individuelles Spezialtraining. Und der Sepp macht täglich zwei Stunden Spezialtraining."

Damit ist der Bayern-Trainer mit seinem Loblied auf den Torhüter noch nicht zu Ende: „Wir nennen ihn nach seinem Wohnort die ‚Katze von Anzing'. Der Vergleich mit einer Raubkatze ist nicht abwegig. Sepp Maier springt so kraftvoll und landet so geschmeidig wie ein Panther. Er ist ein Besessener, der weiß, daß ohne den rechten Ernst nichts Gutes gelingt. Trainingsfleiß und -härte sind vorbildlich. Er trainiert bei jedem Wetter ohne Socken in den Fußballschuhen und ist nicht kleinzukriegen. Wenn er ‚Torschluß' angesagt hat und nach jedem Ball fliegt, heißt das bei uns ‚Flugwoche am Säbener'.

„Seine Reaktionsschnelligkeit ist unglaublich, und Angst kennt er keine. Meine Zusammenarbeit mit ihm ist fein abgestimmt und macht Freude. Wir verstehen uns, und ich wünsche ihm noch viele gute Torwart-Jahre. Er kann tatsächlich, wie er auch schon angekündigt hat, neue Maßstäbe setzen. Lew Jaschin spielte mit 39 Jahren noch in der Welt-Auswahl. Sepp Maier kann ihn übertreffen. Die Mannschaft und ich sind glücklich, daß wir ihn haben."

Bei so viel Lob wollte auch Robert Schwan nicht zurückstehen. Sagte der Bayern-Manager („Es gibt nur zwei intelligente Menschen am Tag: Schwan vormittags und Schwan nachmittags") auf seine eigene Art: „Sepps geistige Einstellung hat sich in den letzten Jahren gewandelt. Er macht immer noch Späße. Aber die sind jetzt nicht mehr so blöd."

Es gibt Torhüter, die mit dem Blick auf die Zuschauerränge und dem Kopf voraus sich vor die Beine der gegnerischen Stürmer stürzen. Zu denen zählt Sepp Maier nicht. Der Münchner liebt zwar auch spektakuläre Paraden, doch er ist kein Kamikaze-Flieger. Dazu ist er viel zu klug. Er wägt sekundenschnell das Risiko und erkennt dann, daß er den Ball viel besser mit dem Fuß als mit einem gefährlichen Sturzflug abwehren kann.

Das klärt auch das Geheimnis, warum Maier in seiner langen Laufbahn noch nie ernsthaft verletzt war. So wie alle Weltklasse-Torwarte, ob sie nun Lew Jaschin oder Petar Radenkovic heißen. Kühne Strafraum-Flieger aber – wie zum Beispiel die Kölner Wolfgang Fahrian und Gerhard Welz – mußten ihr Vabanque-Spiel im Tor mit Schädelbrüchen und anderen schweren Verletzungen bezahlen. Bei allem Ehrgeiz und Können konnten sie sich nie lange an der Spitze halten.

Natürlich blieb auch der Sepp nicht von den üblichen Torhüter-Blessuren verschont. Doch mit eisernem Willen kämpfte er gegen die Schmerzen an und verließ sein Tor nicht. „Wenn ich immer gleich zum Arzt gerannt wäre, hätte der mir bestimmt 15mal das Spielen nicht erlaubt. Aber ich konnte meine Kameraden, ob in der Nationalmannschaft oder beim FC Bayern, nicht im Stich lassen. Außerdem gibt es für mich nichts Schlimmeres, als Reservist sein zu müssen. Da biß ich lieber die Zähne zusammen. Ich kann mir auch nicht den Vorwurf machen, daß mir in einem Spiel, das ich nicht ganz gesund bestritt, ein entscheidender Fehler unterlaufen wäre."

Mit diesem schon fast krankhaften Ehrgeiz stellte Maier einen Bundesliga-Rekord auf. 300mal stand er in ununterbrochener Reihenfolge im Bayern-Tor. Ob ihn nun eine

Bindehautentzündung plagte, oder ob er eine ganze Woche lang nur mit einem sehenden Auge – das entzündete war durch eine Klappe verdeckt – trainieren konnte; beim Spiel, wenn es darauf ankam, sah der Sepp wieder klar mit beiden Augen.

Sein Erfindungsreichtum kennt keine Grenzen, wenn es gilt, eine Verletzung zu kaschieren. So litt er vor Jahren einmal unter einem Innenbandschaden am rechten Knie. Was machte Maier? Er bastelte sich selbst eine Holzprothese, befestigte sie ohne Wissen des Trainers und seiner Mannschaftskollegen an der verletzten Stelle und lieferte 90 Minuten lang eine Glanzpartie. Kein Zuschauer dachte im entferntesten daran, daß ein stark Behinderter im Bayern-Tor stand.

Wegen dieser Innenband-Verletzung war Maier gezwungen, seine Abschläge ein halbes Jahr lang nur mit dem linken Fuß auszuführen. Aber auch linksfüßig brachte er den Ball meist an den richtigen Mann. Auch wenn er mit diesem Fuß die Lederkugel nicht so weit wie mit rechts treten kann. Da steht seine Bestleistung bei 90 Meter. Ebenfalls eine Fähigkeit, die ihn zum weltbesten Torwart machte.

Seine Oberschenkel wurden von den Stollen rücksichtslos angreifender Stürmer schon oft aufgeschlitzt. Aber am schlimmsten traf den Strafraum-Chaplin, wie ihn ein Kritiker nannte, die Attacke eines Magdeburger Spielers beim Europacup-Kampf am 6. November 1974. Die Bayern gewannen nach glänzender Leistung 2:1, doch der Sepp war todunglücklich. Auf der ganzen Heimreise machte der sonst so gesprächige Spaßvogel den Mund nicht auf. Der Grund: Im Eifer des Gefechts war ihm ein Schneidezahn ausgeschlagen worden. Maier fürchtete ernsthaft um seine Schönheit, zumal ihn auch der damalige Bayern-Trainer Udo Lattek hänselte: „Du siehst aus wie Frankenstein."

Aber da zeigte sich, wie populär der Sepp ist. Eine Krakauer Sportzeitschrift wollte ihn mit einem Goldzahn für die Unbill trösten. Und die „Arbeitsgemeinschaft für Zahnbettgesundheit" bot ihm ein ganzes neues Gebiß an. Inzwischen ist die Lücke längst wieder ausgefüllt, und der Sepp ist schön wie eh und je.

Im Zuge seines Magdeburger Zahnverlustes war es übrigens, daß Maier die bisher einzige Verwarnung seiner Karriere erhielt. Nachdem er wieder einmal besonders hart angegriffen worden war und mit dem Körper gegen den Torpfosten donnerte, fuhr der Sepp aus der Haut. Zu seiner Verwunderung zeigte ihm daraufhin der österreichische Schiedsrichter Erich Linemayr auch noch die gelbe Karte.

Bei den Bayern mußte er nur zweimal seinen angestammten Platz einem anderen überlassen. Das war 1972 bei jenem 1:5 in Köln und wieder im Januar 1975, als der Europacup-Sieger zu einer Tournee nach Japan startete. Wegen einer Bänder- und Kapselverletzung wurde Maiers linker Arm in Gips gelegt, und der Super-Fänger blieb daheim bei Frau Agnes und Tochter Alexandra in seinem Anzinger Haus. Trotz des Gips-Arms rastete er aber nicht. Er trainierte weiter, behielt seine Glanzform und hatte – wie Fachleute schrieben – in der Bundesliga-Rückrunde den größten Anteil daran, daß die von der Krise gebeutelten Bayern nicht in die Zweite Liga abstiegen.

Den Sepp kann so leicht nichts erschüttern. Aber manchmal schlottern ihm schon die Knie, wenn er in fremden Stadien das deutsche oder das Bayern-Tor hütet. So im Frühjahr 1974, als die Münchner im Europacup gegen CSKA Sofia antraten. 70 000 fanatische Bulgaren schossen unentwegt Feuerwerkskörper ab und nebelten das Wassil-Lewski-Stadion ein. Erinnert sich Maier: „Ich habe geglaubt, der Teufel ist hinter mir her. Nach Schwefel, Rauch und Feuer hat es gestunken. So etwas habe ich noch nie erlebt."

Das Stadion, das er in Deutschland am meisten fürchtet, ist die Georg-Melches-Kampfbahn in Essen. Kaum ein Bundesliga-Gastspiel der Bayern vergeht dort, ohne daß der Sepp nicht in Ängsten, manchmal sogar in Todesängsten, schwebt. Als ihn seine Bundesliga-Kollegen heuer in der Umfrage einer Sport-Illustrierten zum „Mann des Jahres" wählten und ihm zum Zeichen seiner neuen Würde eine Ritterrüstung angepaßt wurde, reagierte Maier spontan: „Die ziehe ich mir das nächstemal in Essen an."

Dort ist es Brauch, daß der Torwart der deutschen Weltmeister-Mannschaft regelmäßig mit Flaschen beworfen wird. Auch ein Klappmesser landete in Essen schon einmal knapp neben Maier im Rasen. Besonders übel mitgespielt wurde dem Sepp am 24. Mai 1975, vier Tage vor dem Europacup-Finale in Paris. Damals war der sonst so gefestigte Maier mit den Nerven am Ende. „Fast wäre ich von zwei Flaschen und einem Hammer getroffen worden. Ich fühlte mich gefährdet und wollte ausgetauscht werden. Doch Trainer Dettmar Cramer ließ das nicht zu. Dieses Essener Publikum ist der Abschaum. Die Ordnungsleute schreiten dort so lange nicht ein, bis einmal etwas ganz Schlimmes passiert."

Wenn er weit weg von Essen ist, macht der Super-Sepp freilich auch Witze über die Krawallbrüder aus dem Kohlenpott. So wurde er gefragt: „Was denken Sie, wenn Sie im Tor stehen und leere Bierflaschen fliegen auf das Spielfeld?" Darauf Maier schlagfertig: „Das ist ja das Gemeine, daß die Flaschen immer leer sind. Mir wären die vollen lieber."

Ungefährdet fühlt sich der Sepp im Münchner Olympia-Stadion. Seitdem der große Rivale „Radi" Radenkovic den Fußball-Thron räumte und ins Spirituosen-Geschäft einstieg, ist der Bayern-Torwart der unangefochtene Publikumsliebling in der weiß-blauen Hauptstadt. Besonders glücklich ist Maier, wenn ihn die treuen Fans in der Südkurve mit langgedehnten „Seeepe-, Seeepe"-Rufen begrüßen. Dann winkt er freudig in die Menge. Und fragt man ihn, was das für ein Gefühl für ihn sei, dann sagt er: „Das ist ganz pfundig."

Daß er allerdings während eines Spiels dem Publikum mit Gesten für Beifallskundgebungen dankt, hat er sich abgewöhnt. Und das kam so. „1967 haben wir in Hamburg ein Länderspiel gegen Jugoslawien ausgetragen. Wenn ich mich recht entsinne, siegten wir 3:1. Es war kurz nach dem Anpfiff. Münchner Schlachtenbummler riefen im Chor meinen Vornamen. Ich dankte dafür und winkte hinauf zu meinen Verehrern. Im gleichen Augenblick starteten die Jugoslawen einen Blitzangriff. Ein Schuß, und der Ball lag hinter mir im Netz. Seitdem bin ich vorsichtiger."

Trifft man Maier vor einem Spiel im Kabinengang, dann nimmt er einen selten wahr. Sein glasiger Blick scheint weit in die Ferne zu schweifen. Dazu der Sepp: „Das bedeutet aber nicht, daß ich Angst habe oder nervös bin. Es ist Ausdruck höchster Konzentration." So konzentriert ist er dann meist während des ganzen Spiels. Dann hält er Bälle, die von Fachleuten als „unhaltbar" bezeichnet werden. Seine größte Glanztat in jüngster Zeit vollbrachte er im Pariser Europacup-Finale 1975. Der trinkfreudige und streitsüchtige Leeds-Skandalspieler Billy Bremner war völlig frei vor Maier aufgetaucht. Doch mit einer unwahrscheinlichen Reflex-Bewegung meisterte der Sepp den Schuß des schottischen Nationalspielers. Damit bewahrte er die Bayern vor einem 0:1-Rückstand und legte den Grundstein zum 2:0-Sieg.

Ins Tor stellt sich Maier nur mit Pullovern und Handschuhen, die seinen Namen tragen. Mit dem Vertrieb dieser Torwart-Utensilien verdient er sich auch noch eine schöne Stange Geld. Ein bißchen abergläubisch ist der

Sepp ebenfalls. So besteht er auf dreiviertellangen Torwart-Hosen. Als ihn kürzlich eine Verehrerin drängte, doch mehr Bein zu zeigen, blieb er hartnäckig. „Eine kurze Hose hat ein jeder an. Eine lange aber nur ich."

Er ist zwar kein Party-Löwe wie Franz Beckenbauer. Doch Maier gibt nicht nur auf dem Fußball-Parkett eine gute Figur ab. So verblüffte er im Sommer 1975 ein vorwiegend aus sogenannten Intellektuellen bestehendes Publikum bei der an jedem Sonntagabend stattfindenden Talk-Show in der berühmten Münchner Lach- und Schießgesellschaft. Mit seiner Schlagfertigkeit und Unverblümtheit stand der Sepp sofort im Mittelpunkt.

Und den amüsiert Zuhörenden verriet er: „Ich kann zwischen 12 und 20 Stunden ohne Sex auskommen. Ich finde, Sex macht locker. Deshalb bin ich für die Aufhebung der Trainingslager. Denn dann kann sich jeder zu Hause vor dem Spiel selbst schön lockern."

Ansonsten aber ist Maier kein „lockerer Vogel", und er weiß, daß seine wahre Bühne das Fußballtor ist. Dort ist er trotz eines Franz Beckenbauer, Gerd Müller oder Uli Hoeneß der wichtigste Spieler der Bayern-Mannschaft. Denn seine Fehler sind in der Regel nicht wiedergutzumachen.

Der Trainer, mit dem Maier am längsten zusammenarbeitete und noch zusammenarbeitet, ist Helmut Schön. Erinnert sich der Bundestrainer: „Ich kenne den Sepp seit 15 Jahren. Beim Turnier der Europäischen Fußball-Union 1961 in Portugal stellte ich den damals 17jährigen erstmals in das Tor der Jugend-Nationalmannschaft. Seit dieser Zeit sind wir einen gemeinsamen Weg gegangen. Aus dem Jugend-Nationaltorwart wurde der Amateur-Nationaltorwart und schließlich der Rekord-Torhüter der Nationalmannschaft – eine Laufbahn, wie man sie sich idealer nicht vorstellen kann. Maiers Name ist nicht nur mit dem FC Bayern, sondern auch mit der deutschen Nationalmannschaft untrennbar verbunden."

Schön und Maier waren nicht immer ein Herz und eine Seele. Doch richtig verkracht waren sie auch nie. Meist schmollte der Sepp, wenn er sich vom Bundestrainer verkannt fühlte. So 1966 bei der Weltmeisterschaft in England, als er hinter dem bewährten Hans Tilkowski nur die Nummer 2 war. Maier: „Damals verstand ich Schön nicht. Ich fühlte mich in der Form meines Lebens. Heute weiß ich, daß ich 1966 noch weit von dieser Form entfernt war."

Auch der Bundestrainer zweifelte manchmal an dem Bayern-Torwart. „Wenn man heute seine Reaktionsfähigkeit, seine stets hervorragende körperliche Verfassung, seinen Mut, seine Fangsicherheit und alles das, was einen großen Torwart auszeichnet, betrachtet, darf man jene Zeit nicht vergessen, in der es auch für ihn einmal ein Tief gegeben hat, durch das er sich durchbeißen mußte. Und er hat es geschafft. Ich habe Sepp einmal einen ‚leicht Ablenkbaren' genannt. Diese Charakterisierung verdient er längst nicht mehr. Vielleicht, weil er meine ständigen mahnenden Worte, mehr Konzentration zu zeigen, nicht mehr hören mochte. Jetzt ist er das geworden, was ich den idealen Torwart nenne. Und auch die, die ihn mitunter bösartig kritisierten und nicht müde wurden, seine wenigen Fehler herauszustellen, haben längst Abbitte geleistet und eingesehen, daß er einer der größten Torleute des deutschen Fußballs und sicher auch der Welt ist. Seinen Namen in einem Atemzug mit Heiner Stuhlfauth, Willibald Kreß, Hans Jakob, Hans Tilkowski, Lew Jaschin, Ricardo Zamora, Gordon Banks und wie sie alle heißen mögen, zu nennen, ist eine große Ehre. Nicht nur für ihn, sondern für alle, die mit ihm zusammenarbeiten."

Ihren größten gemeinsamen Triumph feierten die Weggefährten Schön und Maier 1974 im Münchner Olympia-Stadion. Der Bundestrainer: „Daß Franz Beckenbauer nach dem 2:1-Sieg über Holland die Weltmeisterschafts-Trophäe entgegennehmen konnte, war nicht zuletzt Maiers Verdienst. Allein seine Leistung im Halbfinale beim 1:0-Erfolg über Polen in Frankfurt genügt, um seinen Wert für den Gewinn des Weltmeistertitels in das richtige Licht zu rücken.“

Daß er Schön bei der Weltmeisterschaft 1974 aber auch Kummer bereitete, verriet Maier auf jener Münchner Talk-Show. „Es war nach der 0:1-Niederlage gegen die DDR in Hamburg. Wir Bayern und einige Mönchengladbacher saßen in unserem Weltmeisterschafts-Quartier in Malente und ertränkten unsere Enttäuschung mit Alkohol. Helmut Schön war schon sauer, kam öfter ins Zimmer und wollte uns ins Bett schicken. Jedesmal, wenn der Lange auftauchte, bekam der Paul Breitner Schwierigkeiten, seine riesige, dampfende Zigarre verschwinden zu lassen, und ich mußte den Whisky auf die Seite schaffen. Gegen 3 Uhr früh, die anderen waren gerade ins Bett gegangen, beschlossen Uli Hoeneß und ich, eine Spritztour zu unseren in einem Hamburger Hotel wohnenden Frauen zu machen. Zwei Polizisten aus dem Bewachungspersonal machten mit und um halb fünf Uhr kamen wir bei unseren Frauen an. Um 8 Uhr fuhren wir zurück. Um halb zehn sind wir dann in Malente hinten über den Zaun gestiegen und um zehn Uhr waren wir pünktlich beim Training.“

Heute kann der damals ziemlich ärgerliche Bundestrainer über diese Maier-Eskapade nur noch schmunzeln. „Sepp Maier ist auch rein menschlich gesehen das, was ich einen ‚lieben Kerl‘ nenne. Seine Kameradschaftlichkeit, seine Liebenswürdigkeit zur Umwelt und sein Hang zu Jux und Spaß prägten ihn auch für Nicht-Fußballanhänger zu einem sehr angenehmen Menschen. Wer den Sepp kennt, muß ihn ins Herz schließen. Er ist unsere Stimmungskanone. Auch dann, wenn die anderen mal schlechte Laune haben.“

Fußballspieler des Jahres 1975

ermittelt in einer Umfrage der Zeitschrift „Kicker" unter den deutschen Sportjournalisten:

1.	Sepp Maier (FC Bayern München)	260
2.	Berti Vogts (Borussia Mönchengladbach)	122
3.	Franz Beckenbauer (FC Bayern München)	99
4.	Jürgen Grabowski (Eintracht Frankfurt)	79
	Jupp Heynckes (Borussia Mönchengladbach)	79
6.	Ludwig Müller (Hertha BSC Berlin)	11
7.	Paul Breitner (Real Madrid)	7
8.	Günter Netzer (Real Madrid)	5
	Wolfgang Overath (1. FC Köln)	5
	Herbert Wimmer (Borussia Mönchengladbach)	5
11.	Gerd Müller (FC Bayern München)	3

Frühere Spieler des Jahres

1960 Uwe Seeler (Hamburger SV)
1961 Max Morlock (1. FC Nürnberg)
1962 Karlheinz Schnellinger (1. FC Köln)
1963 Hans Schäfer (1. FC Köln)
1964 Uwe Seeler (Hamburger SV)
1965 Hans Tilkowski (Borussia Dortmund)
1966 Franz Beckenbauer (FC Bayern München)
1967 Gerd Müller (FC Bayern München)
1968 Franz Beckenbauer (FC Bayern München)
1969 Gerd Müller (FC Bayern München)
1970 Uwe Seeler (Hamburger SV)
1971 Berti Vogts (Borussia Mönchengladbach)
1972 Günter Netzer (Borussia Mönchengladbach)
1973 Günter Netzer (Borussia Mönchengladbach)
1974 Franz Beckenbauer (FC Bayern München)